小淥天書録

小淥天藏書目

下册

〔清〕孫毓修 撰

樂怡 整理

吴格 審定

書目題跋叢書

中華書局

史部·史鈔類

二十〔一〕一史論贊殘本　四册

明項氏萬卷堂本

書目來源：【編年】

史〇〇五〇〇〇〇〇〇〇〇〇一

【校勘記】

〔一〕「二十」，孫氏原稿作「廿」，今據通行本目録徑改。

史部·史表類

經進後漢書年表五卷亡下册　一册

影宋寫本

朱氏滋蘭堂舊藏

書目來源：【志】【目】

史〇〇六〇〇〇〇〇〇〇〇一

補後漢書年表上下　（宋）熊方撰　二册

乾隆本

書目來源：【目】【鑒藏】

史〇〇六〇〇〇〇〇〇〇〇二

歷代紀元表　二册

知不足齋本

書目來源：【編年】

史〇〇六〇〇〇〇〇〇〇〇三

史部·傳記類·個人事狀

雲韜堂紹陶録　（宋）王質撰　一册

全[一]氏含清書屋精鈔本

書目來源：【目】

史〇〇七〇〇一〇〇〇〇〇〇一

【校勘記】

〔一〕「全」原稿作「金」，誤，徑改。

阿計替傳一卷　（宋）辛棄疾撰

書目來源：【目】

史〇〇七〇〇一〇〇〇〇〇〇二

宗忠簡[一]公遺事　一册

據明鈔本

書目來源：【鑒藏】

史〇〇七〇〇一〇〇〇〇〇〇三

【校勘記】

〔一〕「簡」，原本誤作「宗」，徑改。

史部·傳記類·年譜

顧端文公年譜　（明）顧與沐記略　二册

乾隆本

書目來源：【鑒藏】

史〇〇七〇〇二〇〇〇〇〇〇一

顧亭林先生年譜■卷閻潛邱先生年譜■卷　（清）張穆輯　二册

道光本

繆藝風藏

書目來源：【目】【鑒藏】

史〇〇七〇〇二〇〇〇〇〇〇二

戴氏〔一〕年譜　一册

書目來源：【目】

史〇〇七〇〇二〇〇〇〇〇〇三

【校勘記】

〔一〕「戴氏」，原作「載氏」，誤，徑改。

查他山查東山厲樊榭徐壽臧閻古古李申耆瞿木夫年譜　七册

書目來源：【編年】

史〇〇七〇〇二〇〇〇〇〇〇四

言舊録　一册

書目來源：【編年】

史〇〇七〇〇二〇〇〇〇〇〇五

葉天寥年譜一卷續一卷别記一卷甲行日注八卷　三册

朱印本

書日來源：【編年】

史〇〇七〇〇二〇〇〇〇〇〇六

史部・傳記類・志録

紹陶録　（宋）王質撰　一册

泰山王質述文瑞樓本

書目來源：【鑒藏】

史〇〇七〇〇三〇〇〇〇〇〇一

史部·傳記類·日記

澗泉日記 （宋）韓淲撰　二册

内聚珍板

書目來源：【目】【鑒藏】

史〇〇七〇〇四〇〇〇〇〇〇一

安廓菴日記 （明）安无曠撰　三册

藁本

書目來源：【目】

史〇〇七〇〇四〇〇〇〇〇〇二

明安廓菴先生手寫日記分上中下。明安廓菴先生日記。（明）安无曠撰　三册

此書校宋板，又名貴矣。

書目來源：【志】【目】【鑒藏】

史〇〇七〇〇四〇〇〇〇〇〇三

觀妙居日記 （清）李鋭撰　三册

元和李鋭手稿

書目來源：【目】【鑒藏】

史〇〇七〇〇四〇〇〇〇〇〇四

觀妙居日記 （清）李鋭撰　一册

書目來源：【志】

史〇〇七〇〇四〇〇〇〇〇〇五

觀妙居日記又一册　（清）李鋭撰　一册

此册轉贈長尾雨山，甲寅又得一本。

書目來源：【志】

史〇〇七〇〇四〇〇〇〇〇〇〇六

陪獵筆記三卷　（清）查慎行撰　二册

吴星滄[一]鈔本

有吴兔牀、吴蕭雲、徐蟄菴鈢記並跋。

書目來源：【志】【目】【鑒藏】

史〇〇七〇〇四〇〇〇〇〇〇〇七

【校勘記】

〔一〕此處應指吴騫，「星滄」似爲筆誤。

竹汀日記　（清）錢大昕撰　一册

書目來源：【目】

史〇〇七〇〇四〇〇〇〇〇〇〇八

元和李尚之日記　三册

書目來源：【目】

史〇〇七〇〇四〇〇〇〇〇〇〇九

史部·傳記類·家譜

華氏奇五支重訂　一册

乾隆丙午

書目來源：【目】

史〇〇七〇〇五〇〇〇〇〇〇〇一

孫氏家譜　一四册

道光丁未活字本

書目來源：【目】

史〇〇七〇〇五〇〇〇〇〇〇〇二

史部·傳記類·總傳·通録

皇象山人手寫續高士傳　一册

書目來源：【目】【鑒藏】

史〇〇七〇〇六〇一〇〇〇〇一

史部·傳記類·總傳·專録

古今列女傳[一]　（漢）劉向撰　二册

阮氏文選樓重開宋建安余氏本

書目來源：【目】

史〇〇七〇〇六〇二〇〇〇〇一

【校勘記】

〔一〕「古今列女傳」，原作「古今女傳」，誤，徑改。

新刊古列女傳八卷　（漢）劉向撰　四册

阮氏小嫏嬛仙館繙宋畫本

書目來源：【目】

史〇〇七〇〇六〇二〇〇〇〇二

列女傳八卷　（漢）劉向撰　二册

蝶裝小嫏嬛仙館翻宋本

書目來源：【目】

史〇〇七〇〇六〇二〇〇〇〇三

列女傳　（漢）劉向撰　三册

阮刻初印

書目來源：【鑒藏】

史〇〇七〇〇六〇二〇〇〇〇四

列仙傳 （漢）劉向撰　一册

書目來源：【目】

史〇〇七〇〇六〇二〇〇〇〇五

續仙傳 （唐）沈汾撰　一册

書目來源：【目】

史〇〇七〇〇六〇二〇〇〇〇六

師友雜志 （宋）吕本中撰　一册

舊寫本

書目來源：【目】

史〇〇七〇〇六〇二〇〇〇〇七

宋名臣言行録 （宋）朱熹撰，（宋）李幼武撰　一二册

洪氏覆宋本初印

書目來源：【鑒藏】

史〇〇七〇〇六〇二〇〇〇〇〇八

經進皇宋中興四將傳四卷　（宋）章穎撰　四册

元刊本

書目來源：【目】

史〇〇七〇〇六〇二〇〇〇〇〇九

唐才子傳　（元）辛文房撰　二册

嘉靖本

書目來源：【鑒藏】

史〇〇七〇〇六〇二〇〇〇一〇

唐才子傳十卷考異一卷　（元）辛文房撰　二册

嘉慶乙丑三間草堂刊本

書目來源：【目】

史〇〇七〇〇六〇二〇〇〇一一

續高士傳編目十卷 一册

明茶夢主人手寫本

書目來源：【志】【目】

史〇〇七〇〇六〇二〇〇〇一二

國朝名臣事略十五卷 （元）蘇天爵輯 八册

明人紅格寫本

邵朖仙校元本天一閣本並跋，瞿氏田裕齋、丁氏退思齋鈢記。

書目來源：【志】【目】

史〇〇七〇〇六〇二〇〇〇一三

元名臣事略國朝名臣史略 （元）蘇天爵撰 六册

舊鈔本

邵朖仙校跋，持静齋藏。

書目來源：【鑒藏】

史〇〇七〇〇六〇二〇〇〇一四

元朝名臣事略　（元）蘇天爵撰　四册

内聚珍板

書目來源：【目】【鑒藏】

史〇〇七〇〇六〇二〇〇〇一五

元名臣事略　（元）蘇天爵撰　二册

内聚珍本

書目來源：【鑒藏】

史〇〇七〇〇六〇二〇〇〇一六

草莽私乘　（明）陶宗儀輯　一册

舊鈔本有校

書目來源：【鑒藏】

史〇〇七〇〇六〇二〇〇〇一七

宋元學案一百卷首一卷　（清）黄宗羲撰　二四册

書目來源：【志】【目】

史〇〇七〇〇六〇二〇〇〇一八

增補宋元學案一百卷　（清）全祖望輯，（清）王梓材增補　二五册

道州何氏刊本，初印。

書目來源：【志】【目】

史〇〇七〇〇六〇二〇〇〇一九

明儒學案六十二卷　（清）黄宗羲撰　一六册

康熙賈氏德輝堂刊本初印

書目來源：【目】【鑒藏】

史〇〇七〇〇六〇二〇〇〇二〇

理學宗傳辨正十六卷（清）劉廷詔撰　六册

求安齋刊本

書目來源：【目】

史〇〇七〇〇六〇二〇〇〇二一

國朝先正事略六十卷（清）李元度輯　三二册

循陔草堂刊本

書目來源：【目】

史〇〇七〇〇六〇二〇〇〇二二

鶴徵録鶴徵録正續（清）李集撰　六册

原刻

書目來源：【目】【鑒藏】

史〇〇七〇〇六〇二〇〇〇二三

南疆逸史

書目來源：【編年】

史〇〇七〇〇六〇二〇〇〇二四

碧血録二卷　二册

七林書堂刊本

書目來源：【編年】

史〇〇七〇〇六〇二〇〇〇二五

歷代畫像傳□語　五册

書目來源：【編年】

史〇〇七〇〇六〇二〇〇〇二六

史部·傳記類·人表

洞霄宫提舉録一卷　一册

藁本

書目來源：【目】

史〇〇七〇〇七〇〇〇〇〇一

史部·傳記類·雜録

董氏家難記不分卷　一册

舊抄本

書目來源：【志】

史〇〇七〇〇八〇〇〇〇〇〇一

董宧民抄記略一卷董宧民抄事略　一册

舊鈔本

有江山劉泖生圖記

書目來源：【目】【鑒藏】

史〇〇七〇〇八〇〇〇〇〇〇二

史部·載記類

吴越春秋　（漢）趙曄撰　四册

明翻元刻，白綿紙

書目來源：【目】【鑒藏】

史〇〇八〇〇〇〇〇〇〇〇〇一

吴越春秋　（漢）趙曄撰　三册

明本

書目來源：【鑒藏】

史〇〇八〇〇〇〇〇〇〇〇〇二

吴越春秋集　（漢）趙曄撰　二册

書目來源：【目】

史〇〇八〇〇〇〇〇〇〇〇〇三

馬令南唐書三十卷附南唐建國譜　（宋）馬令撰　六册

明萬玉樓刻本

書目來源：【志】【目】

史〇〇八〇〇〇〇〇〇〇〇〇四

史部・地理類・水道・總録

水經注四十卷　（後魏）酈道元撰

明鍾人傑刊本

書目來源：【目】

史〇〇九〇〇一〇一〇〇〇〇一

水經注釋四十卷首一卷坿録二卷刊誤十卷　（後魏）酈道元撰　二〇册

趙氏原刊本，白紙初印。

書目來源：【目】【鑒藏】

史〇〇九〇〇一〇一〇〇〇〇二

水經注　（後魏）酈道元撰　一六册

内聚珍板

書目來源：【目】【鑒藏】

史〇〇九〇〇一〇一〇〇〇〇三

史部·地理類·山川·山

廬山記五卷附一卷 （宋）陳舜俞撰

宋刊本

希昭所寫

書目來源：【目】

史〇〇九〇〇二〇一〇〇〇〇一

四明山志九卷 （清）黄宗羲輯　一册

康熙抑抑堂原刊本，初印。

有子晉汲古閣印記

書目來源：【目】【鑒藏】
史〇〇九〇〇二〇一〇〇〇〇二

史部·地理類·專志·古蹟

錫山景物略十卷　（明）王永積輯　五册
明刊毛頭本
書目來源：【志】【目】【鑒藏】
史〇〇九〇〇三〇一〇〇〇〇一

史部·地理類·專志·祠廟

三衢孔氏家廟志一卷附録一卷新家廟記載事實一卷　一册
明弘治間刊本，白綿紙。
書目來源：【志】【目】

史〇〇九〇〇三〇二〇〇〇〇一

三衢孔氏家廟志

嘉靖本

書目來源：【鑒藏】

史〇〇九〇〇三〇二〇〇〇〇二

三衢孔氏記廟志一卷附録一卷新家廟記載事實一卷　一册

明刊黑口本

書目來源：【目】

史〇〇九〇〇三〇二〇〇〇〇三

史部·地理類·專志·雜志

鄴中記　（晉）陸翽撰　二册

聚珍板

書目來源：【目】

史〇〇九〇〇三〇三〇〇〇〇一

嶺表録異嶺表異録　（唐）劉恂撰　二册〔一〕

内聚珍板

書目來源：【目】【鑒藏】

史〇〇九〇〇三〇三〇〇〇〇二

【校勘記】

〔一〕《鑒藏》作「一册」。

膠東山水志一卷　（清）安璿撰　一册

安氏藁本

書目來源：【志】【目】【鑒藏】

史〇〇九〇〇三〇三〇〇〇〇三

廣東新語二十八卷 （清）屈大均撰　一〇册

原刊本

書目來源：【目】【鑒藏】

史〇〇九〇〇三〇三〇〇〇〇四

東城雜記二卷 （清）厲鶚撰　二册

舊寫本

吴兔牀、吴枚菴、陳仲魚、趙晉齋校跋，魏小洲校，孫毓修據樊榭藁本校補。

書目來源：【志】【目】

史〇〇九〇〇三〇三〇〇〇〇五

芙蓉山館志 （清）楊芳燦撰　一册

書目來源：【目】

史〇〇九〇〇三〇三〇〇〇〇〇六

江寧府七縣地形考略〔一〕　（清）黄起鳳等撰　一册

書目來源：【目】

史〇〇九〇〇三〇三〇〇〇〇〇七

【校勘記】

〔一〕原無「地形考略」，據上海圖書館書目補。

城書第一卷起至四卷　（明）閻應元著

舊鈔本

書目來源：【目】【鑒藏】

史〇〇九〇〇三〇三〇〇〇〇〇八

史部・地理類・雜記

中吴紀聞六卷　（宋）龔明之著　二册

汲古閣刊本

以陸敕先本手校

書目來源：【志】【目】【鑒藏】

史〇〇九〇〇四〇一〇〇〇〇一

中吴紀聞又一部 （宋）龔明之著 二册

武進董氏重刊元黑口本

書目來源：【目】

史〇〇九〇〇四〇一〇〇〇〇二

南海百詠 （宋）方信孺撰 一册

書目來源：【目】

史〇〇九〇〇四〇一〇〇〇〇三

西湖老人繁勝録一卷 （宋）佚名撰

《永樂大典》本

書目來源：【目】

史〇〇九〇〇四〇一〇〇〇〇四

揚州畫舫録十八卷　（清）李斗撰　六册

原刊本

書目來源：【目】

史〇〇九〇〇四〇一〇〇〇〇五

天咫偶聞

書目來源：【編年】

史〇〇九〇〇四〇一〇〇〇〇六

史部·地理類·遊記·唐至明

安桂坡遊記 （明）安國撰　一册

安氏手稿本

書目來源：【目】【鑒藏】

史〇〇九〇〇五〇一〇〇〇〇一

安光禄游記 （明）安我素撰　一册

嘉靖間安氏藁本，寫在金粟箋上。

有繆藝風跋

書目來源：【目】【鑒藏】

史〇〇九〇〇五〇一〇〇〇〇二

廣志繹六卷雜志一卷 （明）王士性撰　四册

明刊本
書目來源：【目】
史〇〇九〇〇五〇一〇〇〇〇三

遊志續編　一册
趙氏峭帆樓本
書目來源：【編年】
史〇〇九〇〇五〇一〇〇〇〇四

史部·地理類·遊記·清代

我素先生遊記手稿　（清）安希范撰　一册
書目來源：【志】
史〇〇九〇〇五〇二〇〇〇〇一

孫文定公南遊記 （清）孫嘉淦撰 一册

書目來源：【目】

史〇〇九〇〇五〇二〇〇〇〇二

黄海紀遊 （清）佘鴻撰 一册

書目來源：【志】

史〇〇九〇〇五〇二〇〇〇〇三

黄山紀游集

書目來源：【目】

史〇〇九〇〇五〇二〇〇〇〇四

史部·地理類·總誌

元和郡縣志 （唐）李吉甫撰 一六册

內聚珍本

書目來源：【鑒藏】

史〇〇九〇〇六〇〇〇〇〇〇一

元豐九域十卷 （宋）王存等纂　一〇册

武英殿聚珍板

書目來源：【目】【鑒藏】

史〇〇九〇〇六〇〇〇〇〇〇二

歷代地理韵編 （清）李兆洛輯　四册

書目來源：【目】

史〇〇九〇〇六〇〇〇〇〇〇三

皇朝輿地略 （清）佚名輯　一册

孫樾校注

書目來源：【目】

史〇〇九〇〇六〇〇〇〇〇〇〇四

大清一統志嘉慶重修　四册

精寫本

存姚安、武定、景東、順寧、蒙化、永昌、永寧、沅江、楚雄、大理十卷。

書目來源：【志】【目】

史〇〇九〇〇六〇〇〇〇〇〇〇五

史部・地理類・各省府廳州縣志

咸淳臨安志一百卷　（宋）潛説友撰　二四册

振綺堂原刻初印

書目來源：【目】【鑒藏】

史〇〇九〇〇七〇〇〇〇〇〇〇一

咸淳毗陵志三十卷　（宋）史能之纂修　六册

趙氏亦有生齋刊本

繆藝風校

書目來源：【目】

史〇〇九〇〇七〇〇〇〇〇〇〇二

紹熙雲間志　（宋）楊潛纂　二册

沈刻

書目來源：【鑒藏】

史〇〇九〇〇七〇〇〇〇〇〇〇三

紹興雲間志三卷續一卷　二册

書目來源：【目】

史〇〇九〇〇七〇〇〇〇〇〇〇四

吴郡圖經續記三卷　（宋）朱長文撰　二册

臨顧可潛校宋本

孫毓修精校

書目來源：【目】【鑒藏】

史〇〇九〇〇七〇〇〇〇〇〇〇五

重刊襄陽郡誌四卷　（明）張恒纂修　二册

天順刊本

書目來源：【志】

史〇〇九〇〇七〇〇〇〇〇〇〇六

武陽志餘　（清）莊毓鋐等編輯　一六册

光緒排印本

書目來源：【目】【鑒藏】

史〇〇九〇〇七〇〇〇〇〇〇七

弘治無錫縣志　八册

影鈔弘治本

書目來源：【目】【鑒藏】

史〇〇九〇〇七〇〇〇〇〇〇八

康熙無錫志

書目來源：【目】

史〇〇九〇〇七〇〇〇〇〇〇九

光緒無錫金匱志　二〇册

光緒刻本，白紙。

書目來源：【目】【鑒藏】

史〇〇九〇〇七〇〇〇〇〇一〇

無錫金匱縣志　一六册

嘉慶城西草堂原刻

書目來源：【鑒藏】

史〇〇九〇〇七〇〇〇〇〇一一

無錫縣志四卷　（元）王仁輔輯　四册

書目來源：【目】【鑒藏】

史〇〇九〇〇七〇〇〇〇〇一二

錫金識小録　（清）黄卬輯　六册

木活字本

書目來源：【鑒藏】

史〇〇九〇〇七〇〇〇〇〇一三

光緒武進陽湖縣志　二二冊〔一〕

光緒刻本

書目來源：【目】【鑒藏】

史〇〇九〇〇七〇〇〇〇〇一四

【校勘記】

〔一〕《鑒藏》作「二〇冊」。

開化志二卷　（清）王挹承撰　二冊

金匱華湛恩手寫本

書目來源：【志】【目】

史〇〇九〇〇七〇〇〇〇〇一五

嘉慶上海縣志　（清）李松林纂　十四冊

書目來源：【目】【鑒藏】

史〇〇九〇〇七〇〇〇〇〇〇一六

同治上元江寧縣志

書目來源：【編年】

史〇〇九〇〇七〇〇〇〇〇〇一七

史部·外國史類

朝鮮史要朝鮮史略要　一册

舊鈔本

書目來源：【目】【鑒藏】

史〇一〇〇〇〇〇〇〇〇〇〇一

史部·政書類·通制

文獻通考　（元）馬端臨纂　二〇册

書目來源：【目】

史〇一一〇〇一〇〇〇〇〇〇一

西漢會要七十卷　（宋）徐天麟撰　一二册

舊寫本

有沈嘯園鈢記

書目來源：【志】【目】

史〇一一〇〇一〇〇〇〇〇〇二

東漢會要　（宋）徐天麟撰　六册

内聚珍本

書目來源：【鑒藏】

史〇一一〇〇一〇〇〇〇〇〇三

五代會要　（宋）王溥撰　六册

內聚珍本

書目來源：【鑒藏】

史〇一一〇〇一〇〇〇〇〇〇四

宋朝事實　（宋）李攸撰　五册

內聚珍本

陳仲魚藏

書目來源：【鑒藏】

史〇一一〇〇一〇〇〇〇〇〇五

宋朝事實　（宋）李攸撰　一册

聚珍本

書目來源：【目】

史〇一一〇〇一〇〇〇〇〇〇六

史部·政書類·儀制

大金集禮四十卷 （金）張暐等撰　六册

舊鈔本

書目來源：【目】【鑒藏】

史〇一一〇〇二〇〇〇〇〇〇一

紀元彙考五卷 （清）萬斯同輯　二册

康熙乙未刊本

書目來源：【目】

史〇一一〇〇二〇〇〇〇〇〇二

紀元彙録■卷紀元彙考　二册

知不足齋刊本

汪孟慈舊藏

書目來源：【目】【鑒藏】

史〇一一〇〇二〇〇〇〇〇〇三

史部·政書類·職官·官制

漢官舊儀　（漢）衛宏撰　一册

乾隆本

書目來源：【鑒藏】

史〇一一〇〇三〇一〇〇〇〇一

漢官舊儀　（漢）衛宏撰　一册

聚珍板

書目來源：【目】

史〇一一〇〇三〇一〇〇〇〇二

兩漢五經博士考　（清）張金吾撰　一册

書目來源：【目】

史〇一一〇〇三〇一〇〇〇〇三

麟臺故事　（宋）程俱撰　一册

書目來源：【目】

史〇一一〇〇三〇一〇〇〇〇四

史部·政書類·邦計

救民急務録二卷　（明）華泮編　二册

嘉靖刊本

有士禮居黄蕘圃跋

書目來源：【目】【鑒藏】

史〇一一〇〇四〇〇〇〇〇〇一

史部·政書類·奏議

會通館印正宋諸臣奏議存卷一至六十五　（宋）趙汝愚輯　二〇册〔一〕

蘭雪堂銅活字本〔二〕

盧氏抱經樓舊藏

書目來源：【志】【目】【鑒藏】

史〇一一〇〇五〇〇〇〇〇〇一

【校勘記】

〔一〕《鑒藏》作「一〇册」。

〔二〕《鑒藏》作「弘治會通館活字本」。

華氏會通館銅活字本奏議正宋諸臣奏議第一卷起至六十八卷　一〇册

弘治本，不全。
書目來源：【目】
史〇一一〇〇五〇〇〇〇〇〇〇二

朱子奏議　（明）朱吾弼輯　六册
明本
書目來源：【目】【鑒藏】
史〇一一〇〇五〇〇〇〇〇〇〇三

御選明臣奏議御選明人奏議　清乾隆四十六年敕輯　一〇册
内聚珍板
書目來源：【目】【鑒藏】
史〇一一〇〇五〇〇〇〇〇〇〇四

史部・政書類・雜録

皇朝經世文编　（清）賀長齡輯　一〇册

書目來源：【目】

史〇一一〇〇六〇〇〇〇〇〇一

皇朝經世文續编　（清）盛康輯　八册

書目來源：【目】

史〇一一〇〇六〇〇〇〇〇〇二

史部・目録類・解題考訂

衢本郡齋讀書志二十卷　（宋）晁公武撰　四册

鈔校本

王蓮涇、繆藝風精校。

書目來源：【目】【鑒藏】

史〇一二〇〇一〇〇〇〇〇〇一

郡齋讀書志二十卷衢本又 （宋）晁公武撰　六册

汪氏藝芸書舍刊衢本，初印，上白連絲紙。

藝芸書舍藏板，吴門汪氏刊行。

書目來源：【志】【目】【鑒藏】

史〇一二〇〇一〇〇〇〇〇〇二

郡齋讀書志四卷後志二卷考異一卷附志二卷 （宋）晁公武撰　四册

陳刻巾箱本

有段玉裁手題

書目來源：【目】

史〇一二〇〇一〇〇〇〇〇〇三

郡齋讀書志又 （宋）晁公武撰

書目來源：【目】

史〇一二〇〇一〇〇〇〇〇〇四

郡齋讀書志袁本 （宋）晁公武撰

書目來源：【目】

史〇一二〇〇一〇〇〇〇〇〇五

直齋書録解題二十卷 （宋）陳振孫撰 八册〔一〕

武英殿聚珍本

以元本校

書目來源：【目】【鑒藏】

史〇一二〇〇一〇〇〇〇〇〇六

【校勘記】

〔二〕《鑒藏》作「一二册」。

直齋書録解題二十二卷　（宋）陳振孫撰

蘇局本

書目來源：【目】

史〇一二〇〇一〇〇〇〇〇〇七

百川書志二十卷　（明）高儒輯　四册

舊寫本

書目來源：【目】

史〇一二〇〇一〇〇〇〇〇〇八

讀書後上中下　（明）王世貞撰　三册

乾隆本

天隨堂藏板

書目來源：【目】【鑒藏】

史〇一二〇〇一〇〇〇〇〇〇九

欽定四庫全書提要二百卷　（清）紀昀等纂

書目來源：【目】

史〇一二〇〇一〇〇〇〇〇一〇

欽定四庫全書簡明目録二十二卷　（清）紀昀等纂

書目來源：【目】

史〇一二〇〇一〇〇〇〇〇一一

四庫目録標注　六册

書目來源：【鑒藏】

史〇一二〇〇一〇〇〇〇〇一二

四庫全書表文箋釋四卷　（清）林鶴年撰　四册

劉氏刊本

書目來源：【目】

史〇一二〇〇一〇〇〇〇〇一三

何義門讀書記　（清）何焯撰　一六册

原刻初印

書目來源：【鑒藏】

史〇一二〇〇一〇〇〇〇〇一四

開有益齋讀書志　（清）朱緒曾撰　四册

書目來源：【目】

史〇一二〇〇一〇〇〇〇〇一五

華延年題跋三卷　（清）傅以禮撰　三册

擺印本

書目來源：【目】

史〇一二〇〇一〇〇〇〇〇一六

花近樓叢書題跋

書目來源：【目】

史〇一二〇〇一〇〇〇〇〇一七

藏書紀事詩七卷　葉昌熾撰　七册

硃印本

書目來源：【目】

史〇一二〇〇一〇〇〇〇〇一八

史部·目録類·諸史藝文志

漢藝文志考證十卷 （宋）王應麟撰 二册

書目來源：【目】

史〇一二〇〇二〇〇〇〇〇〇一

補晉書藝文志 四册

長沙擺本

書目來源：【目】

史〇一二〇〇二〇〇〇〇〇〇二

補晉書藝文志又

書目來源：【目】

史〇一二〇〇二〇〇〇〇〇〇三

隋經籍志考證十三卷　（清）章宗源撰　四册

湖北局本

存史部，餘闕。

書目來源：【目】

史〇一二〇〇二〇〇〇〇〇〇四

南雍志經籍考　（明）梅鷟撰　四册

鈔本

書目來源：【鑒藏】

史〇一二〇〇二〇〇〇〇〇〇五

國史經籍志補　（清）宋賓王，（清）謝浦泰撰

宋蔚如、謝浦泰手藁本。

書目來源：【志】【鑒藏】

史〇一二〇〇二〇〇〇〇〇〇六

史部·目録類·地方藝文志

杭州藝文志　（清）吴慶坻等纂

書目來源：【目】

史〇一二〇〇三〇〇〇〇〇〇一

武林藏書録四卷　（清）丁申撰　二册

丁氏刊本

書目來源：【目】

史〇一二〇〇三〇〇〇〇〇〇二

史部·目録類·類録

子略四卷　（宋）高似孫撰　一册

舊寫本

書目來源：【目】

史〇一二〇〇四〇〇〇〇〇〇〇一

道藏目録 二册

有校

書目來源：【鑒藏】

史〇一二〇〇四〇〇〇〇〇〇〇二

史部·目録類·藏書題識藏書志

紅雨樓題跋二卷 （明）徐𤊹撰 二册

侯官鄭杰刊本，原刻初印。

書目來源：【目】【鑒藏】

史〇一二〇〇五〇〇〇〇〇〇〇一

紅雨樓題跋三卷又　(明)徐𤊹撰　一册

趙氏增刊本

書目來源：【目】

史〇一二〇〇五〇〇〇〇〇〇二

天禄琳琅書目十卷後編二十卷　(清)于敏中等編　一〇册

長沙刊本

書目來源：【目】【鑒藏】

史〇一二〇〇五〇〇〇〇〇〇三

藏書題識　(清)汪璐輯　一册

汪仲連手藁本

書目來源：【目】

史〇一二〇〇五〇〇〇〇〇〇四

平津館鑒藏書籍記三卷附續編　（清）孫星衍編　二册

陳宗彝刊本

書目來源：【目】

史〇一二〇〇五〇〇〇〇〇〇五

半氈齋鐵橋天瀑山人　（清）江藩等撰　一册

書目來源：【目】

史〇一二〇〇五〇〇〇〇〇〇六

蕘圃藏書題識十卷刻一卷　（清）黄丕烈撰　八册〔一〕

書目來源：【目】【鑒藏】

史〇一二〇〇五〇〇〇〇〇〇七

【校勘記】

〔一〕《鑒藏》作「六册」。

士禮居藏書題跋記六卷 （清）黄丕烈撰

書目來源：【目】

史〇一二〇〇五〇〇〇〇〇〇八

士禮居藏書題跋記續記 （清）黄丕烈撰 一册

書目來源：【目】

史〇一二〇〇五〇〇〇〇〇〇九

拜經樓藏書題跋記五卷附録一卷 （清）吴壽暘撰 二册

章氏刊本

書目來源：【目】

史〇一二〇〇五〇〇〇〇〇一〇

愛日精廬藏書志三十六卷續四卷 （清）張金吾撰 一二册

書目來源：【目】【鑒藏】

史〇一二〇〇五〇〇〇〇〇一一

曝書雜記二卷 (清)錢泰吉撰　一册

別下齋刊本

有校

書目來源：【目】【鑒藏】

史〇一二〇〇五〇〇〇〇〇一二

曝書雜記三卷又 (清)錢泰吉撰　一册

錢氏刊本

書目來源：【目】

史〇一二〇〇五〇〇〇〇〇一三

寶書閣著録 (清)丁白輯

書目來源：【目】

史〇一二〇〇五〇〇〇〇〇一四

楹書隅録 （清）楊紹和編　三册

原刻未修本

書目來源：【志】【目】【鑒藏】

史〇一二〇〇五〇〇〇〇〇一五

滂喜齋藏書記三卷 （清）潘祖蔭撰　二册

清史館精鈔

繆藝風校，孫毓修校。

書目來源：【志】【目】【鑒藏】

史〇一二〇〇五〇〇〇〇〇一六

皕宋樓藏書志 （清）陸心源撰

書目來源：【目】

史〇一二〇〇五〇〇〇〇〇一七

儀顧堂題跋十六卷續十六卷　（清）陸心源撰　八册

書目來源：【目】

史〇一二〇〇五〇〇〇〇〇一八

百宋一廛書録　（清）姚振宗輯　一册

有校

書目來源：【目】【鑒藏】

史〇一二〇〇五〇〇〇〇〇一九

藝風堂藏書記八卷續記八卷　繆荃孫撰　五册

刊本

書目來源：【目】

史〇一二〇〇五〇〇〇〇〇二〇

鐵琴銅劍樓藏書志二十四卷　六册

書目來源：【目】

史〇一二〇〇五〇〇〇〇〇二一

適園藏書志　張鈞衡撰　六册[一]

書目來源：【目】【鑒藏】

史〇一二〇〇五〇〇〇〇〇二三

【校勘記】

〔一〕《鑒藏》作「五册」。

史部・目録類・家藏書目

玄賞齋書目八卷　（明）董其昌撰　二册

舊寫本

書目來源：【目】

史〇一二〇〇六〇〇〇〇〇〇〇一

脈望館書目 （明）趙琦美撰　三册

書目來源：【目】

史〇一二〇〇六〇〇〇〇〇〇〇二

淡生堂藏書譜 （明）祁承㸁撰　八册

舊鈔本

書目來源：【目】【鑒藏】

史〇一二〇〇六〇〇〇〇〇〇〇三

絳雲樓書目七十四卷補遺一卷静惕堂宋元人集目 （清）錢謙益撰　四册

鈔校本

有郁泰峰鈢記，葉德輝手跋。

書目來源：【志】【目】【鑒藏】

史〇一二〇〇六〇〇〇〇〇〇〇〇四

千頃堂書目三十二卷 (清)黄虞稷撰

書目來源：【目】

史〇一二〇〇六〇〇〇〇〇〇〇〇五

讀書敏求記■卷附補 (清)錢曾撰 五册

趙仲亨刊本，校補善本。

書目來源：【目】【鑒藏】

史〇一二〇〇六〇〇〇〇〇〇〇〇六

讀書敏求記四卷 (清)錢曾撰 二册

書目來源：【目】

史〇一二〇〇六〇〇〇〇〇〇〇〇七

曝書亭書目 (清)朱彝尊撰 一册

舊寫本

書目來源：【目】

史〇一二〇〇六〇〇〇〇〇〇〇八

季滄葦書目季滄葦藏書目 (清)季振宜撰 一册

士禮居原刊本

書目來源：【目】【鑒藏】

史〇一二〇〇六〇〇〇〇〇〇〇九

傳是樓書目 (清)徐乾學編

書目來源：【目】

史〇一二〇〇六〇〇〇〇〇〇一〇

汲古閣珍藏祕本書目 (清)毛扆撰 一册

海鹽吾笏山寫本

有圖記手跋

書目來源：【志】【目】【鑒藏】

史〇一二〇〇六〇〇〇〇〇一一

佳趣堂書目 （清）陸漻輯 二册〔一〕

周氏漱六樓舊寫本

有郁泰峰鈢記

書目來源：【志】【目】【鑒藏】

史〇一二〇〇六〇〇〇〇〇一二

【校勘記】

〔一〕《鑒藏》作「一册」。

好古堂書目 （清）姚際恒撰 一册

舊寫本

書目來源：【目】

史〇一二〇〇六〇〇〇〇〇一三

楝亭書目附補遺 （清）曹寅撰 二册

舊寫本

書目來源：【目】

史〇一二〇〇六〇〇〇〇〇一四

繡谷亭薰習録 （清）吴焯撰 二册

吴氏刊本

存經集二部，餘闕。

書目來源：【目】

史〇一二〇〇六〇〇〇〇〇一五

培遠堂書目　（清）陳宏謀撰　四册

擺印本

書目來源：【目】

史〇一二〇〇六〇〇〇〇〇一六

清綺齋藏書目上下　（清）張宗松輯　二册

管芷湘手鈔

書目來源：【目】

史〇一二〇〇六〇〇〇〇〇一七

拜經樓書目　（清）吴騫撰　一册

藍格抄本

書目來源：【目】【鑒藏】

史〇一二〇〇六〇〇〇〇〇一八

天一閣書目十卷　（清）阮元輯，（清）范懋敏撰　五册

文選樓原刊本

書目來源：【目】【鑒藏】

史〇一二〇〇六〇〇〇〇〇一九

謏聞齋書目二卷　（清）顧錫麒撰　一册

顧竹泉手藁本

書目來源：【目】

史〇一二〇〇六〇〇〇〇〇二〇

清吟閣書目四卷　（清）瞿世英撰　一册

吳氏刊本

書目來源：【目】

史〇一二〇〇六〇〇〇〇〇二一

抱經樓書目摘要　（清）沈德壽輯　一册

盧氏寫本

書目來源：【目】

史〇一二〇〇六〇〇〇〇〇二二

金山錢氏家刻書目十卷　（清）錢培蓀輯　四册

守山閣刊本，錢君選之贈。

書目來源：【目】【鑒藏】

史〇一二〇〇六〇〇〇〇〇二三

書鈔閣書目　（清）周星詒輯　一册

周星詒、蔣香生手藁本。

書目來源：【目】

史〇一二〇〇六〇〇〇〇〇二四

天全堂書目

安念祖寫本

書目來源：【目】

史〇一二〇〇六〇〇〇〇〇二五

三家書目　一册

江氏刊本

常熟瞿氏、聊城楊氏、豐順丁氏。

書目來源：【目】【鑒藏】

史〇一二〇〇六〇〇〇〇〇二六

琹經樓書目　一册

書目來源：【目】

史〇一二〇〇六〇〇〇〇〇二七

史部·目録類·公藏書目

明太學經籍志　（明）郭磐撰　一册

刊本

書目來源：【目】

史〇一二〇〇七〇〇〇〇〇〇一

内閣書目八卷　四册

書目來源：【目】

史〇一二〇〇七〇〇〇〇〇〇二

史部·目録類·特編

盛明百家詩總目　（明）俞憲編　一册

鈔本

書目來源：【鑒藏】

史〇一二〇〇八〇〇〇〇〇〇一

詒經堂續經解目録鳴沙山石室秘録　（清）張金吾撰　一册

書目來源：【目】

史〇一二〇〇八〇〇〇〇〇〇二

郘亭知見傳本書目十六卷　（清）莫友芝撰　六册

京中擺本

書目來源：【目】

史〇一二〇〇八〇〇〇〇〇〇三

書目答問輶軒語附求在我齋示子弟帖　（清）張之洞撰　三册

長沙刊本

書目來源：【目】

史〇一二〇〇八〇〇〇〇〇〇〇四

國朝未刊書目　一册

鄭叔問中書手校

有朱槐廬印記

書目來源：【目】

史〇一二〇〇八〇〇〇〇〇〇〇五

汪氏説鈴注内採用書目　一册

書目來源：【目】

史〇一二〇〇八〇〇〇〇〇〇〇六

江南圖書局第二次書目　二册

金陵汪振之贈

書目來源：【目】

史〇一二〇〇八〇〇〇〇〇〇〇七

四部叢刊目録

書目來源：【目】

史〇一二〇〇八〇〇〇〇〇〇〇八

史部・目録類・叢書目録

彙刻書目　（清）顧修輯　八册

書目來源：【目】

史〇一二〇〇九〇〇〇〇〇〇〇一

行素堂目覩書目　（清）朱記榮輯，（清）毛扆編　八册

書目來源：【目】

史〇一二〇〇九〇〇〇〇〇〇二

史部・目録類・版刻

古今書刻二卷 （明）周弘祖撰　二册

明刊本

書目來源：【目】【鑒藏】

史〇一二〇一〇〇〇〇〇〇〇一

宋元本行格表二卷附録 （清）江標輯　四册

江氏刊本

書目來源：【目】

史〇一二〇一〇〇〇〇〇〇〇二

史部·目録類·書影

留真譜留真譜新編　楊守敬輯　一二册

楊刻初印

書目來源：【目】【鑒藏】

史〇一二〇一一〇〇〇〇〇〇一

繆氏書影　一册

書目來源：【鑒藏】

史〇一二〇一一〇〇〇〇〇〇二

鐵琴銅劍樓宋元本書影　九册

料半紙

書目來源：【鑒藏】

史〇一二〇一一〇〇〇〇〇〇三

史部·目録類·藏書約

淡生堂藏書約　（明）祁承㸁撰　一册

影鈔明本

書目來源：【鑒藏】

史〇一二〇一二〇〇〇〇〇〇一

史部·目録類·義例

經籍會通四卷　（明）胡應麟等撰　一册

明刊本

書目來源：【目】

史〇一二〇一三〇〇〇〇〇〇一

武英殿聚珍版程式　一册

内聚珍本

書目來源：【鑒藏】

史〇一二〇一三〇〇〇〇〇〇二

書林清話十卷　四册

初印本

書目來源：【編年】

史〇一二〇一三〇〇〇〇〇〇三

史部·金石類·總類

金石録三十卷　（宋）趙明誠撰　六册

舊精鈔本

欽氏藏印

書目來源：【目】【鑒藏】

史〇一三〇〇一〇〇〇〇〇〇一

金石例集　（元）潘昂霄撰　二册

書目來源：【目】

史〇一三〇〇一〇〇〇〇〇〇二

觀妙居藏金石文考略■卷觀妙齋藏金石文考略　（清）李光暎撰　六册

雍正■■精刻，初印本。

書目來源：【目】【鑒藏】

史〇一三〇〇一〇〇〇〇〇〇三

金石三例　（清）盧見曾輯　四册

套印本

書目來源：【鑒藏】

史〇一三〇〇一〇〇〇〇〇〇〇四

金石存十五卷 （清）吴玉搢輯 八册

書目來源：【目】

史〇一三〇〇一〇〇〇〇〇〇〇五

金石存 （清）吴玉搢輯 四册

原刻初印

聞妙香堂校栞

徐紫珊藏

書目來源：【目】【鑒藏】

史〇一三〇〇一〇〇〇〇〇〇〇六

兩漢金石記二十二卷 （清）翁方綱撰

書目來源：【目】

史〇一三〇〇一〇〇〇〇〇〇〇七

重定金石契　（清）張燕昌輯　四册

張氏原刊本

書目來源：【目】【鑒藏】

史〇一三〇〇一〇〇〇〇〇〇〇八

金石學録四卷　（清）李遇孫撰　二册

仿宋活字本

書目來源：【目】

史〇一三〇〇一〇〇〇〇〇〇〇九

九鐘精舍金石跋尾　（清）吴士鑒撰　一册

書目來源：【鑒藏】

史〇一三〇〇一〇〇〇〇〇〇一〇

史部·金石類·吉金

金塗銅塔考金塗塔考　（清）錢泳撰　一册

書目來源：【鑒藏】

史〇一三〇〇二〇〇〇〇〇一

史部·金石類·璽印

泥封印古録一卷兔牀日記一卷竹汀日記一卷　（清）胡琨輯　一册

手藁本

書目來源：【目】

史〇一三〇〇三〇〇〇〇〇一

史部·金石類·石刻

石刻鋪敘二卷　（宋）曾宏父撰　一册

舊精抄

有四明盧氏抱經樓藏書印

書目來源：【目】【鑒藏】

史〇一三〇〇四〇〇〇〇〇〇一

郤州石室録　（清）葉昌熾撰　二册

皮紙本

書目來源：【鑒藏】

史〇一三〇〇四〇〇〇〇〇〇二

語石十卷　（清）葉昌熾撰　四册

書目來源：【目】
史〇一三〇〇四〇〇〇〇〇〇三

校碑隨筆不分卷又　方若撰　六册
仿宋活字本
書目來源：【目】
史〇一三〇〇四〇〇〇〇〇〇四

秦刻三種　四册
白紙初印
書目來源：【鑒藏】
史〇一三〇〇四〇〇〇〇〇〇五

史部·金石類·陶磚瓦

秦漢瓦當文字記一卷續一卷　三册

乾隆本，皮紙。

書目來源：【目】【鑒藏】

史〇一三〇〇五〇〇〇〇〇一

史部·金石類·郡邑金石

江寧金石記八卷待訪録二卷　三册

湖北刊本

書目來源：【編年】

史〇一三〇〇六〇〇〇〇〇一

史部・史評類・史法

史通二十卷　（唐）劉知幾撰　四册〔一〕

嘉靖己未刊本

有校

黄蕘圃跋

書目來源：【目】【鑒藏】

史〇一四〇〇一〇〇〇〇〇一

【校勘記】

〔一〕《鑒藏》作「六册」。

校本史通　（唐）劉知幾撰　六册

書目來源：【目】

史〇一四〇〇一〇〇〇〇〇〇二

史通通釋二十卷　（清）浦起龍撰　四册
浦氏求放心齋刊本
徐小彝校宋本
書目來源：【目】
史〇一四〇〇一〇〇〇〇〇〇三

文史通義　四册
貴陽刊本
書目來源：【編年】
史〇一四〇〇一〇〇〇〇〇〇四

史部·史評類·考訂

十七史商榷九十八卷綴言二卷　（清）王鳴盛撰　一六册
洞涇草堂原刊本

書目來源：【目】

史〇一四〇〇二〇〇〇〇〇〇一

史部·史評類·論事

唐史論斷三卷 （宋）孫甫撰　二册

舊鈔本

書目來源：【目】

史〇一四〇〇三〇〇〇〇〇〇一

四明尊堯集四卷 （宋）陳瓘撰　一册

元刊本手寫

書目來源：【目】

史〇一四〇〇三〇〇〇〇〇〇二

三朝正論一卷存是録一卷點將録一卷　(宋)曾布撰　一册

舊鈔本

書目來源：【目】

史〇一四〇〇三〇〇〇〇〇〇三

遼史論贊

書目來源：【目】

史〇一四〇〇三〇〇〇〇〇〇四

邵氏學史　(明)邵寶撰　二册

嘉靖刊本

書目來源：【目】【鑒藏】

史〇一四〇〇三〇〇〇〇〇〇五

史部·史評類·詠史

十六國宫詞序　一册

書目來源：【目】

史〇一四〇〇四〇〇〇〇〇〇一

樹經堂詠史詩八卷　（清）謝啓昆撰　八册

原刊，初印本。

書目來源：【目】【鑒藏】

史〇一四〇〇四〇〇〇〇〇〇二

子

子部·儒家類·宋以前儒家

荀子二十卷 （周）荀況撰 四册

嘉善謝氏刊本，棉紙初印本。

書目來源：【目】【鑒藏】

子〇〇一〇〇一〇〇〇〇〇〇一

新書十卷又 （漢）賈誼撰 二册

盧抱經校本

書目來源：【目】

子〇〇一〇〇一〇〇〇〇〇〇二

說苑二十卷　（漢）劉向撰　四册

譚復堂校本

書目來源：【目】【鑒藏】

子〇〇一〇〇一〇〇〇〇〇〇三

鹽鐵論十卷　（漢）桓寬撰　二册

明弘治刊本

書目來源：【志】【目】【鑒藏】

子〇〇一〇〇一〇〇〇〇〇〇四

監本五臣音註揚子法言　（漢）揚雄撰　一四册

宋刻

書目來源：【目】

子〇〇一〇〇一〇〇〇〇〇〇五

孔子家語　（魏）王肅注　四册

劉氏覆宋本羅紋紙

書目來源：【鑒藏】

子〇〇一〇〇一〇〇〇〇〇〇六

傅子　（晉）傅玄撰　一册

内聚珍本

書目來源：【鑒藏】

子〇〇一〇〇一〇〇〇〇〇〇七

賈子次詁　（清）王耕心撰　二册

書目來源：【鑒藏】

子〇〇一〇〇一〇〇〇〇〇〇八

子部·儒家類·理學·陸王

陽明先生理學集經綸集 （明）王守仁撰　一二册

明本

書目來源：【鑒藏】

子〇〇一〇〇二〇一〇〇〇〇一

分類陽明集要陽明先生集要十五卷

明崇禎八年刻本

書目來源：【志】【目】

子〇〇一〇〇二〇一〇〇〇〇二

子部·儒家類·理學·纂集

道院集要三卷 （宋）晁迥撰　一册

明嘉靖刊本
書目來源：【目】
子〇〇一〇〇二〇二〇〇〇〇一

道統集要三卷又 一册
書目來源：【目】
子〇〇一〇〇二〇二〇〇〇〇二

子部·儒家類·教學·專著

明本釋 （宋）劉荀撰 一册
内聚珍板
書目來源：【目】【鑒藏】
子〇〇一〇〇三〇一〇〇〇〇一

呂氏鄉約　（宋）呂大鈞撰　一册

書目來源：【目】

子〇〇一〇〇三〇一〇〇〇〇二

小學纂注六卷附朱子年譜　（明）陳選撰　二册

無錫高愈註，原刊本。

書目來源：【志】【目】

子〇〇一〇〇三〇一〇〇〇〇三

子部·儒家類·修齊治平·專著

顔氏家訓七卷附重校正補遺　（北齊）顔之推撰　二册

書目來源：【目】

子〇〇一〇〇四〇一〇〇〇〇一

帝範 （唐）太宗撰 一册[一]

內聚珍本

書目來源：【目】【鑒藏】

子〇〇一〇〇四〇一〇〇〇〇二

【校勘記】

〔一〕《鑒藏》作「二册」。

項氏家説 （宋）項安世撰 三册

內聚珍本

書目來源：【目】【鑒藏】

子〇〇一〇〇四〇一〇〇〇〇三

注顔氏家訓 二册

抱經堂

書目來源：【目】

子〇〇一〇〇四〇一〇〇〇〇四

子部·儒家類·考訂

白虎通集 （漢）班固撰　一册

書目來源：【目】

子〇〇一〇〇五〇〇〇〇〇〇一

容齋五筆七十四卷 （宋）洪邁撰　一四册

洪氏祠堂刊本〔一〕

書目來源：【目】【鑒藏】

子〇〇一〇〇五〇〇〇〇〇〇二

【校勘記】

〔一〕《鑒藏》作「明馬氏刻本」。

能改齋漫録　（宋）吴曾撰　八册

内聚珍板

書目來源：【目】【鑒藏】

子〇〇一〇〇五〇〇〇〇〇〇三

黄氏日鈔九十五卷　（宋）黄震撰　二九册

乾隆本

書目來源：【目】【鑒藏】

子〇〇一〇〇五〇〇〇〇〇〇四

雲谷雜紀　（宋）張淏撰　四册

書目來源：【目】

子〇〇一〇〇五〇〇〇〇〇〇五

雲谷雜紀　（宋）張淏撰　二册

内聚珍板

書目來源：【目】【鑒藏】

子〇〇一〇〇五〇〇〇〇〇〇六

困學紀聞二十卷 （宋）王應麟撰　六册

馬氏玲瓏山館刊本，原刻初印。

叢書樓藏板

閻百詩先生校勘

書目來源：【目】【鑒藏】

子〇〇一〇〇五〇〇〇〇〇〇七

子部·道家類·玄言

老子道德經　二册

書目來源：【目】

子〇〇二〇〇一〇〇〇〇〇〇一

老子道德經　四册

閔刻

書目來源：【目】【鑒藏】

子〇〇二〇〇一〇〇〇〇〇〇二

老子道德經　一册

内聚珍板

書目來源：【目】【鑒藏】

子〇〇二〇〇一〇〇〇〇〇〇三

南華真經十卷　（周）莊周撰　四册

書目來源：【目】

子〇〇二〇〇一〇〇〇〇〇〇四

列子盧重元注八卷　（唐）盧重元注　一册

書目來源：【目】

子〇〇二〇〇一〇〇〇〇〇〇五

文子纘義　（宋）杜道堅撰　二册

内聚珍本

書目來源：【目】【鑒藏】

子〇〇二〇〇一〇〇〇〇〇〇六

沖虚至德真經　（東晉）張湛注　四册

書目來源：【目】

子〇〇二〇〇一〇〇〇〇〇〇七

龍門子凝道記[一]　（明）宋濂撰　二册

元刊本

書目來源：【目】

子〇〇二〇〇一〇〇〇〇〇〇八

【校勘記】

〔一〕「凝道記」三字原無，以通行目録補。

龍門子凝道記三卷 （明）宋濂撰　二册

明初黑口本

書目來源：【目】

子〇〇二〇〇一〇〇〇〇〇〇九

子部・道家類・煉養

抱朴子内篇二十卷 （晉）葛洪撰　一册

平津館初印本

書目來源：【目】【鑒藏】

子〇〇二〇〇二〇〇〇〇〇〇一

子部·法家類·議論

鄧析子一卷 (周)鄧析撰　一册

劉泖生翻宋刊本

書目來源：【目】

子〇〇三〇〇一〇〇〇〇〇〇一

商君書 (秦)商鞅撰

書目來源：【目】

子〇〇三〇〇一〇〇〇〇〇〇二

慎子内外篇 (周)慎到撰　一册

鈔本

有校

書目來源：【鑒藏】

子〇〇三〇〇一〇〇〇〇〇〇三

韓非子 （戰國）韓非撰

書目來源：【目】

子〇〇三〇〇一〇〇〇〇〇〇四

明夷待訪録一卷 （清）黄宗羲撰 一册

舊鈔本

書目來源：【目】【鑒藏】

子〇〇三〇〇一〇〇〇〇〇〇五

子部・法家類・刑名

疑獄前後集二卷續集二卷附録一卷 （五代晉）和凝撰　三册

嘉慶刊本

書目來源：【目】

子〇〇三〇〇二〇〇〇〇〇〇一

疑獄集上中下 （五代晉）和凝撰　三册

覆宋本

種榆仙館藏板

書目來源：【目】【鑒藏】

子〇〇三〇〇二〇〇〇〇〇〇二

子部·縱横家類

鬼谷子一卷　（梁）陶弘景注　一册

秦氏石研齋刊《道藏》本，棉紙初印。

書目來源：【目】【鑒藏】

子〇〇四〇〇〇〇〇〇〇〇〇一

子部·雜家類·雜學

吕氏春秋二十六卷　（戰國秦）吕不韋撰　六册

畢氏經訓堂本

周星詒句讀並跋

書目來源：【目】【鑒藏】

子〇〇五〇〇一〇〇〇〇〇〇一

淮南子廿八卷　（漢）劉安撰　四册

明萬曆本

書目來源：【目】

子〇〇五〇〇一〇〇〇〇〇〇二

淮南子二十一卷　（漢）劉安撰　一册

莊達吉刊本

書目來源：【目】【鑒藏】

子〇〇五〇〇一〇〇〇〇〇〇三

明本論衡　（漢）王充撰　六册

明刊本

有評點

書目來源：【目】【鑒藏】

子〇〇五〇〇一〇〇〇〇〇〇四

鶡冠子　（宋）陸佃注　三册

内聚珍板

書目來源：【目】【鑒藏】

子〇〇五〇〇一〇〇〇〇〇〇五

癸辛雜識前集一卷後集一卷續集二卷别集一卷　（宋）周密輯　三册

書目來源：【目】

子〇〇五〇〇一〇〇〇〇〇〇六

經鉏堂雜志八卷　二册

康熙刻本

書目來源：【編年】

子〇〇五〇〇一〇〇〇〇〇〇七

隱居通議 （元）劉壎著　四册

嘉慶本

書目來源：【目】【鑒藏】

子〇〇五〇〇一〇〇〇〇〇〇八

炳燭齋隨筆 （明）顧大韶撰　二册

海虞顧大韶[一]著

書目來源：【鑒藏】

子〇〇五〇〇一〇〇〇〇〇〇九

【校勘記】

〔一〕此處原稿誤作「照」，徑改。

繹志十九卷 （明）胡承諾撰　四册

顧刻本

書目來源：【目】【鑒藏】

子〇〇五〇〇一〇〇〇〇〇一〇

風俗通集　二册

書目來源：【目】

子〇〇五〇〇一〇〇〇〇〇一一

子部·雜家類·雜考

古今註卷目　（晉）崔豹撰　一〇册

書目來源：【目】

子〇〇五〇〇二〇〇〇〇〇〇一

人物志　（三國魏）劉邵撰　三册

王三省刻本藍印

繆藝風藏

書目來源：【目】【鑒藏】

子〇〇五〇〇二〇〇〇〇〇〇二

演繁録十六卷續六卷　（宋）程大昌撰　四册

明萬曆刊本

胡豫波藏印

書目來源：【志】【目】【鑒藏】

子〇〇五〇〇二〇〇〇〇〇〇三

演繁露演繁露正續　（宋）程大昌撰　八册

明本

書目來源：【志】【目】【鑒藏】

子〇〇五〇〇二〇〇〇〇〇〇四

揮麈前録四卷後録十一卷三録三卷後録三卷餘話二卷　（宋）王明清輯　五册

書目來源：【目】

子〇〇五〇〇二〇〇〇〇〇〇五

野客叢書三十卷野老記聞一卷　（宋）王楙輯　二册

明刊校本

書目來源：【目】【鑒藏】

子〇〇五〇〇二〇〇〇〇〇〇六

古今考一卷續三十七卷　（宋）魏了翁撰　八册

明謝王賓刊本

書目來源：【目】【鑒藏】

子〇〇五〇〇二〇〇〇〇〇〇七

考古質疑　（宋）葉大慶撰　二册

內聚珍板

書目來源：【目】【鑒藏】

子〇〇五〇〇二〇〇〇〇〇〇八

歸潛志 （元）劉祁撰　四册

內聚珍板

書目來源：【目】【鑒藏】

子〇〇五〇〇二〇〇〇〇〇〇九

敬齋古今註 （元）李治撰　一册

書目來源：【目】

子〇〇五〇〇二〇〇〇〇〇一〇

敬齋古今黈 （元）李治撰　二册

內聚珍本

書目來源：【目】【鑒藏】

子〇〇五〇〇二〇〇〇〇〇一一

玉壺冰　（明）都穆輯　一册

傳鈔本

書目來源：【鑒藏】

子〇〇五〇〇二〇〇〇〇〇一二

日知録集釋三十二卷刊誤二卷　（清）顧炎武撰　一六册

黄刻初印

書目來源：【目】【鑒藏】

子〇〇五〇〇二〇〇〇〇〇一三

日知録之餘　（清）顧炎武撰　一册

書目來源：【目】

子〇〇五〇〇二〇〇〇〇〇一四

群書拾補　（清）盧文弨撰　七册

書目來源：【目】

子〇〇五〇〇二〇〇〇〇〇一五

癸巳存稿十五卷　（清）俞正燮撰　八册

平湖徐氏刊本

書目來源：【目】

子〇〇五〇〇二〇〇〇〇〇一六

斠補隅録　（清）蔣光煦輯　二册

別下齋本

有校

書目來源：【鑒藏】

子〇〇五〇〇二〇〇〇〇〇〇一七

東湖叢記六卷　（清）蔣光煦撰　二册

別下齋刊本

有校

書目來源：【目】【鑒藏】

子〇〇五〇〇二〇〇〇〇〇〇一八

群書校補　（清）陸心源輯　二四册

初印

書目來源：【鑒藏】

子〇〇五〇〇二〇〇〇〇〇〇一九

子部·雜家類·雜説

譚子化書六卷 （南唐）譚峭撰　一册

《道藏》輯要本

書目來源：【目】

子〇〇五〇〇三〇〇〇〇〇〇一

公是弟子記 （宋）劉敞撰　一册

内聚珍板

書目來源：【目】【鑒藏】

子〇〇五〇〇三〇〇〇〇〇〇二

公是集 （宋）劉敞撰　八册

武英殿聚珍板

書目來源：【志】【目】【鑒藏】

子〇〇五〇〇三〇〇〇〇〇〇三

珩璜新論 （宋）孔平仲撰　一册

陳仲魚校本

書目來源：【目】

子〇〇五〇〇三〇〇〇〇〇〇四

緯略十二卷 （宋）高似孫撰　四册

舊鈔校本

書目來源：【目】

子〇〇五〇〇三〇〇〇〇〇〇五

佩韋齋輯聞四卷 （宋）俞德鄰撰　一册

平津館鈔本

有孫淵如鈢記

書目來源：【志】【目】【鑒藏】

子〇〇五〇〇三〇〇〇〇〇〇六

志雅堂雜鈔八卷附七頌堂識小録　（宋）周密撰　一册

舊寫本

書目來源：【目】

子〇〇五〇〇三〇〇〇〇〇〇七

藏一話腴内外編四卷　（宋）陳郁撰　一册

舊寫本

書目來源：【目】

子〇〇五〇〇三〇〇〇〇〇〇八

學齋佔畢四卷　（宋）史繩祖撰　二册

影宋鈔本

黄蕘圃跋

書目來源：【目】

子〇〇五〇〇三〇〇〇〇〇〇九

震澤紀聞二卷 （明）王鏊撰　一册

明刊本

安孟公批校

書目來源：【目】【鑒藏】

子〇〇五〇〇三〇〇〇〇〇一〇

鶡林子 （明）趙釴撰　一册

書目來源：【目】

子〇〇五〇〇三〇〇〇〇〇一一

質孔説　（清）周夢顔撰　一册

書目來源：【目】

子〇〇五〇〇三〇〇〇〇一二

桃溪客話五卷桃溪客語　（清）吴騫撰　二册

拜經樓原刊本，白紙初印。

書目來源：【目】【鑒藏】

子〇〇五〇〇三〇〇〇〇一三

午風堂叢談　（清）鄒炳泰撰　一册

無錫鄒炳泰原刻初印

王芑孫舊藏

書目來源：【鑒藏】

子〇〇五〇〇三〇〇〇〇一四

鷗陂漁話六卷吹網録六卷　（清）葉廷琯撰　四册

原刊本，白紙初印。

書目來源：【目】【鑒藏】

子○○五○○三○○○○○一五

鄭子漫言二卷　一册

明嘉靖刊本

有璜川吳氏鈢記

書目來源：【志】【目】【鑒藏】

子○○五○○三○○○○○一六

子部·雜家類·雜述

昭德新編三卷　（宋）晁迥撰　一册

明嘉靖刊本

書目來源：【目】

子〇〇五〇〇四〇〇〇〇〇〇一

昭德新編三卷　（宋）晁迥撰　一册

小緑天抄本

書目來源：【目】

子〇〇五〇〇四〇〇〇〇〇〇二

冷齋夜話十卷冷齋野話　（宋）釋惠洪輯　二册

影鈔元葉氏刻本

繆藝風跋

書目來源：【志】【目】【鑒藏】

子〇〇五〇〇四〇〇〇〇〇〇三

老學菴筆記十卷續二卷　（宋）陸務觀撰

書目來源：【目】

子〇〇五〇〇四〇〇〇〇〇〇四

經鋤堂雜誌　（宋）倪思撰　二册

書目來源：【鑒藏】

子〇〇五〇〇四〇〇〇〇〇〇五

鶴林玉露十六卷　（宋）羅大經撰

明刊本

缺序目及卷十三以下

書目來源：【志】

子〇〇五〇〇四〇〇〇〇〇〇六

新刊鶴林玉露天集六卷地集六卷人集六卷　（宋）羅大經撰　九册

日本舊活字本

書目來源：【志】【目】【鑒藏】

子〇〇五〇〇四〇〇〇〇〇〇七

因樹屋書影十卷　（清）周亮工撰　六册

原刊本

書目來源：【志】【目】【鑒藏】

子〇〇五〇〇四〇〇〇〇〇〇八

匡林二卷　（清）毛先舒撰　二册

書目來源：【目】

子〇〇五〇〇四〇〇〇〇〇〇九

美芹録　（明）潘恩撰　一册

明嘉靖精刻本，白綿紙。

書目來源：【志】【目】

子〇〇五〇〇四〇〇〇〇一〇

美芹録二卷　（明）潘恩雲間空叟撰　一册

明萬曆刊本

書目來源：【志】【目】【鑒藏】

子〇〇五〇〇四〇〇〇〇一一

靈芬館襍志上下　（清）郭麐撰　二册

書目來源：【目】

子〇〇五〇〇四〇〇〇〇一二

初月樓上中下　（清）吴德旋撰　三册

書目來源：【目】

子〇〇五〇〇四〇〇〇〇一三

初月樓見聞録初月樓聞見録 （清）吴德旋撰 四册

鈔本

書目來源：【目】【鑒藏】

子〇〇五〇〇四〇〇〇〇〇一四

郎潛紀聞十四卷 （清）陳康祺撰 二册

原刊初印本

書目來源：【目】

子〇〇五〇〇四〇〇〇〇〇一五

闢毛先聲四卷附一卷 （清）蔣元撰 一册

吴枚菴鈔本

書目來源：【目】

子〇〇五〇〇四〇〇〇〇〇一六

子部·雜家類·雜品

長物志上下　（明）文震亨撰　四册〔一〕

明本

書目來源：【目】【鑒藏】

子〇〇五〇〇五〇〇〇〇〇〇一

【校勘記】

〔一〕《鑒藏》作「二册」。

子部·雜家類·雜纂·摘粹

閒居録一卷　（元）吾丘衍撰

丁松生校本

書目來源：【目】

子〇〇五〇〇六〇一〇〇〇〇一

蕉窻九録 （明）項元汴撰

書目來源：【目】

子〇〇五〇〇六〇一〇〇〇〇二

消夏閑記摘鈔 （清）顧公燮撰　二册

鈔本

書目來源：【鑒藏】

子〇〇五〇〇六〇一〇〇〇〇三

子部・雜家類・雜纂・訓蒙

重刻古本明解音釋書言故事 （明）胡繼宗編　四册

書目來源：【目】

子〇〇五〇〇六〇二〇〇〇〇一

子部·雜家類·雜編

麈史上中下卷　（宋）王得臣撰　一册

明柳大中寫本

書目來源：【目】

子〇〇五〇〇七〇〇〇〇〇一

子部·雜家類·勸戒

範身集略　（清）秦坊輯　六册

明本

書目來源：【鑒藏】

子〇〇五〇〇八〇〇〇〇〇一

子部・農家類・總録

農業撮要不分卷

元刊本

希昭寫

書目來源：【目】

子〇〇六〇〇一〇〇〇〇〇〇一

子部・小説家類・筆記・雜事

西京雜記 （漢）劉歆撰；（晉）葛洪摘鈔　一册

抱經堂本

書目來源：【鑒藏】

子〇〇七〇〇一〇一〇〇〇〇一

穆天子傳六卷 （晉）郭璞注　一册

明嘉靖間范氏天一閣刊本

書目來源：【志】【目】【鑒藏】

子〇〇七〇〇一〇一〇〇〇〇二

世説新語 （南朝宋）劉義慶撰　六册

閔刻五色套印本

書目來源：【鑒藏】

子〇〇七〇〇一〇一〇〇〇〇三

世説新語三卷 （南朝宋）劉義慶撰　二册

吴勉學刊本，初印。

書目來源：【目】

子〇〇七〇〇一〇一〇〇〇〇四

世説新語又 （南朝宋）劉義慶撰

明朱墨本

書目來源：【目】

子〇〇七〇〇一〇一〇〇〇〇五

龍城録二卷 題（唐）柳宗元撰 一册

明濟美堂刊本

書目來源：【志】【目】【鑒藏】

子〇〇七〇〇一〇一〇〇〇〇六

三水小牘一卷 （唐）皇甫枚撰

盧抱經刊本

書目來源：【目】

子〇〇七〇〇一〇一〇〇〇〇七

雲仙散録集　（唐）馮贄撰　一册

書目來源：【目】

子〇〇七〇〇一〇一〇〇〇〇八

唐摭言　（五代）王定保撰　四册

書目來源：【目】

子〇〇七〇〇一〇一〇〇〇〇九

開元天寶遺事四卷　（後周）王仁裕撰　一册

景寫建業張氏銅活字本

書目來源：【志】【目】

子〇〇七〇〇一〇一〇〇〇一〇

東軒筆録十五卷　（宋）魏泰撰　一册

明天一閣藍絲欄寫本

宋諱闕筆

書目來源：【目】【鑒藏】

子〇〇七〇〇一〇一〇〇〇一一

古杭雜記一卷 （元）李有李東有撰

書目來源：【目】

子〇〇七〇〇一〇一〇〇〇一二

蓬窗類紀 （明）黄暐撰 一册

書目來源：【鑒藏】

子〇〇七〇〇一〇一〇〇〇一三

説鈴注一卷 （清）汪琬撰 一册

惠定宇稾本

書目來源：【志】【目】

子〇〇七〇〇一〇一〇〇〇一四

汪氏説鈴　（清）汪琬撰　一册

紅豆齋刻本

書目來源：【鑒藏】

子〇〇七〇〇一〇一〇〇〇一五

汪氏説鈴補注二卷　（清）汪琬撰　一册

書目來源：【目】

子〇〇七〇〇一〇一〇〇〇一六

古夫于亭雜録上下　（清）王士禎撰　二册

書目來源：【目】

子〇〇七〇〇一〇一〇〇〇一七

西青散記 （清）史震林撰　四册

原刻

繆藝風藏

書目來源：【鑒藏】

子〇〇七〇〇一〇一〇〇〇一八

陔餘叢考四十三卷 （清）趙翼撰　一〇册

原刻

書目來源：【志】【目】【鑒藏】

子〇〇七〇〇一〇一〇〇〇一九

初月樓聞見録第一卷起至二十卷 （清）吴德旋撰　二册

書目來源：【目】

子〇〇七〇〇一〇一〇〇〇二〇

初月樓續聞見録第一卷起至二十卷　（清）吴德旋撰　二册

舊精抄本

宜興吴德旋仲輪甫著，受業興縣康兆晉康侯謙吉士校。

書目來源：【目】

子〇七〇〇一〇一〇〇〇二一

席上輔談卷上　（元）俞琰著　一册

書目來源：【目】【鑒藏】

子〇七〇〇一〇一〇〇〇二二

子部・小説家類・筆記・别傳

明皇十七事開天傳信記附金石要例　（唐）鄭棨撰　一册

張氏青芝堂鈔本

黄蕘圃手校並跋，王鐵夫跋。
書目來源：【志】【目】
子〇〇七〇〇一〇二〇〇〇〇一

楊太真外傳　題（宋）樂史撰　一册
書目來源：【目】
子〇〇七〇〇一〇二〇〇〇〇二

子部·小説家類·筆記·閒情

耳食録八卷　（清）樂鈞撰　一册
舊寫本
書目來源：【目】
子〇〇七〇〇一〇三〇〇〇〇一

子部·小説家類·筆記·異聞

山海經十八卷　（晉）郭璞注　二册

書目來源：【目】

子〇〇七〇〇一〇四〇〇〇〇一

玄中記一卷碧雲騢一卷　（晉）郭璞撰　一册

茶夢齋寫本

書目來源：【目】

子〇〇七〇〇一〇四〇〇〇〇二

述異記集　（南朝梁）任昉撰　一册

書目來源：【目】

子〇〇七〇〇一〇四〇〇〇〇三

酉陽雜俎二十卷續十卷 （唐）段成式撰

書目來源：【目】

子〇〇七〇〇一〇四〇〇〇〇四

續幽怪録集 （唐）李復言編 一册

書目來源：【目】

子〇〇七〇〇一〇四〇〇〇〇五

江鄰幾雜志二卷補一卷 （宋）江休復撰 二册

星鳳閣校宋本

書目來源：【目】

子〇〇七〇〇一〇四〇〇〇〇六

投轄録一卷 （宋）王明清撰 一册

舊寫本

書目來源：【目】

子〇〇七〇〇一〇四〇〇〇〇七

玉照新志五卷　（宋）王明清撰

影鈔本

有校

書目來源：【目】【鑒藏】

子〇〇七〇〇一〇四〇〇〇〇八

子部·小説家類·筆記·叢鈔

太平廣記五百卷　（宋）李昉等撰　三十册

明萬曆許自昌刊本

書目來源：【志】【目】

子〇〇七〇〇一〇五〇〇〇〇一

子部·小説家類·平話短篇小説集

五代平話　二册

董刻

書目來源：【鑒藏】

子〇〇七〇〇二〇〇〇〇〇〇一

龍子猶十三篇　（明）馮夢龍撰　二册

手稾本

書目來源：【目】

子〇〇七〇〇二〇〇〇〇〇〇二

京本通俗小説

書目來源：【編年】

子〇〇七〇〇二〇〇〇〇〇〇〇三

子部·小説家類·章回小説

紅樓夢圖詠 （清）王墀繪圖　四册

初印

書目來源：【鑒藏】

子〇〇七〇〇三〇〇〇〇〇〇〇一

子部·兵書類·權謀

孫子十家注十三卷 （宋）吉天保輯，（清）畢以珣撰，（宋）鄭友賢撰

岱南閣刊本

書目來源：【目】

子〇〇八〇〇一〇〇〇〇〇〇一

孫子參同 (明)李贄撰　六册

閔刻本

書目來源：【鑒藏】

子〇〇八〇〇一〇〇〇〇〇〇二

九賢秘典 (清)徐立方輯，(清)題調露子撰　一册

書目來源：【目】

子〇〇八〇〇一〇〇〇〇〇〇三

子部·兵書類·兵鑑

兵志 (明)王守仁輯　一册

書目來源：【目】

子〇〇八〇〇二〇〇〇〇〇〇一

子部·曆數類·曆法

三曆撮要集　一册

書目來源：【目】

子〇〇九〇〇一〇〇〇〇〇〇一

經書算學天文考　一册

書目來源：【目】

子〇〇九〇〇一〇〇〇〇〇〇二

子部·曆數類·算數·總録

海島算經　（晉）劉徽撰　一册

書目來源：【目】

子○○九○○二○一○○○○一

夏侯陽算經 （隋）夏侯陽撰　一册

書目來源：【目】

子○○九○○二○一○○○○二

子部·術數類·數學

皇極經世書外篇二卷 （宋）邵雍撰　一册

明刊，白棉紙印本。

書目來源：【志】

子○一○○○一○○○○○○一

子部·術數類·占候

碧霞道人禱雨録禱雨録　一册

舊寫本

書目來源：【目】【鑒藏】

子〇一〇〇〇二〇〇〇〇〇〇一

子部·術數類·命書

字觿■卷　（清）周亮工輯　二册

康熙本

書目來源：【目】【鑒藏】

子〇一〇〇〇三〇〇〇〇〇〇一

子部・藝術類・書畫・書畫集

唐張彦遠歷代名畫記　（唐）張彦遠撰　三册

書目來源：【目】

子〇一一〇〇一〇一〇〇〇〇一

唐朱景玄唐朝名畫録一卷　（唐）朱景玄撰　一册

書目來源：【目】

子〇一一〇〇一〇一〇〇〇〇二

楳華溪上圖　（清）錢泳輯　一册

書目來源：【目】

子〇一一〇〇一〇一〇〇〇〇三

子部・藝術類・書畫・總録

宋鄧椿畫繼 （宋）鄧椿撰　二册

書目來源：【目】

子〇一一〇〇一〇二〇〇〇〇一

圖繪寶鑑五卷續編一卷 （元）夏文彦輯　四册

校元本

書目來源：【志】【目】

子〇一一〇〇一〇二〇〇〇〇二

藝舟雙楫六卷附録三卷 （清）包世臣撰　一册

書目來源：【目】

子〇一一〇〇一〇二〇〇〇〇三

子部・藝術類・書畫・作法

法書要録■卷 （唐）張彦遠集

手校本

書目來源：【目】

子〇一一〇〇一〇三〇〇〇一

趙氏家法筆記 （元）佚名撰 一册

舊鈔本

書目來源：【目】

子〇一一〇〇一〇三〇〇〇二

群公書法五卷 二册

明正德己卯全柳刊本

書目來源：【目】

子〇一一〇〇一〇三〇〇〇〇三

群工書法第一卷起至五卷　二册

明成化精刻本，白緜紙

書目來源：【目】

子〇一一〇〇一〇三〇〇〇〇四

畫品彙録　一〇册

明本

書目來源：【鑒藏】

子〇一一〇〇一〇三〇〇〇〇五

庚子銷夏記八卷附元破臨安所得故宋書畫目　（清）孫承澤撰　四册

舊寫本

孫毓修臨何義門、翁覃溪、桂未谷、周芚兮、江德量諸人校語。

書目來源：【目】【鑒藏】

子〇一一〇〇一〇三〇〇〇〇六

蔣最峰寫竹簡明法二卷　一册

咸豐六年廣東刊本

書目來源：【編年】

子〇一一〇〇一〇三〇〇〇〇七

子部·藝術類·書畫·體派

唐裴孝源貞觀公私畫史一卷　（唐）裴孝源撰

書目來源：【志】【目】

子〇一一〇〇一〇四〇〇〇〇一

米元章畫史　（宋）米芾撰　一册

四庫鈔本，有校。

書目來源：【鑒藏】

子〇一一〇〇一〇四〇〇〇〇二

子部·藝術類·書畫·鑒藏

宋劉道醇聖朝名畫評三卷　（宋）劉道醇撰　一册

書目來源：【目】

子〇一一〇〇一〇五〇〇〇〇一

江村銷夏録三卷上中下，江邨消夏録。　（清）高士奇撰　三册

原刻初印

書目來源：【目】【鑒藏】

子〇一一〇〇一〇五〇〇〇〇二

子部・藝術類・書畫・譜帖

欽定重刻淳化閣帖　三册

乾隆鑑賞

書目來源：【目】

子〇一一〇〇一〇六〇〇〇〇一

淳化閣帖　（宋）王著輯　二册

聚珍板

書目來源：【目】

子〇一一〇〇一〇六〇〇〇〇二

歷代帝王法帖　（清）徐朝弼集釋　二册

内聚珍本

書目來源：【鑒藏】

子○一一○○一○六○○○○三

惠山聽松石牀題字惠山聽松石題字考　一册

鈔本

書目來源：【目】【鑒藏】

子○一一○○一○六○○○○四

子部·藝術類·摹印

小石山房印譜（清）顧湘編輯，（清）顧浩編輯　六册

書目來源：【鑒藏】

子○一一○○二○○○○○○一

子部·藝術類·雜技

棊經十三篇集 （宋）張擬撰　一册

書目來源：【目】

子〇一一〇〇三〇〇〇〇〇〇一

子部·譜録類·器物

文房四譜五卷 （宋）蘇易簡輯　二册

鈔本，過校。

書目來源：【目】【鑒藏】

子〇一二〇〇一〇〇〇〇〇〇一

子部・譜録類・飲食

酒經上集 （宋）朱肱撰　一册

書目來源：【目】

子〇一二〇〇二〇〇〇〇〇〇一

子部・方伎類・經脈

廣成先生玉函經集 題（前蜀）杜光庭撰　一册

書目來源：【目】

子〇一三〇〇一〇〇〇〇〇〇一

子部・方伎類・專科

劉涓子鬼遺方集 （南朝齊）龔慶宣撰　一册

書目來源：【目】

子〇一三〇〇二〇〇〇〇〇〇一

子部·方伎類·兒科

小兒藥證小兒藥證真訣　（宋）錢乙撰　二册

內聚珍本

書目來源：【目】【鑒藏】

子〇一三〇〇三〇〇〇〇〇〇一

子部·方伎類·方書

蘇沈良方　（宋）蘇軾，（宋）沈括撰　二册

內聚珍本

書目來源：【目】【鑒藏】

子〇一三〇〇四〇〇〇〇〇〇一

子部·釋教類

起信論（南朝梁）釋真諦譯　一册

明精刻

書目來源：【目】

子〇一四〇〇〇〇〇〇〇〇一

起信論解一卷　一册

明刊本

書目來源：【目】

子〇一四〇〇〇〇〇〇〇〇二

法苑珠林一百卷（唐）釋道世撰　一六册

蔣氏燕園原刊本，初印。
書目來源：【目】【鑒藏】
子〇一四〇〇〇〇〇〇〇〇〇三

法藏碎金録　（宋）晁迥撰　五册

嘉靖本皮紙
繆藝風藏
書目來源：【鑒藏】
子〇一四〇〇〇〇〇〇〇〇〇四

晁文元公法藏碎金録　（宋）晁迥撰　五册

嘉靖精刻本，白綿紙，蝴蝶裝。
藏雲輪藝風堂藏書散出者
書目來源：【目】

子〇一四〇〇〇〇〇〇〇〇〇〇五

法藏碎金録十卷　（宋）晁迥撰　五册

明晁氏寶文堂刊本，明裝。

書目來源：【目】

子〇一四〇〇〇〇〇〇〇〇〇〇六

五燈會元　（宋）釋慧明編　一二册

劉氏覆宋本，初印。

書目來源：【鑒藏】

子〇一四〇〇〇〇〇〇〇〇〇〇七

御録經海一滴　（清）胤禛撰　六册

殿本

書目來源：【鑒藏】

子〇一四〇〇〇〇〇〇〇〇〇〇〇八

大乘起信論解　一册

舊刻本

書目來源：【鑒藏】

子〇一四〇〇〇〇〇〇〇〇〇〇〇九

楞伽會譯　四册

明精鈔本

書目來源：【鑒藏】

子〇一四〇〇〇〇〇〇〇〇〇〇一〇

西齋淨土詩　一册

書目來源：【目】

子〇一四〇〇〇〇〇〇〇〇〇〇一一

御録宗經大綱　四册

殿本

書目來源：【鑒藏】

子○一四○○○○○○○○一二

御録宗鏡録大綱二十卷　四册

雍正十二年殿本

書目來源：【鑒藏】【編年】

子○一四○○○○○○○○一三

華嚴綱要　三十二册

書目來源：【編年】

子○一四○○○○○○○○一四

圓覺經略疏　一册

書目來源：【編年】

子〇一四〇〇〇〇〇〇〇〇一五

楞嚴蒙鈔　十四册

明刊本

書目來源：【編年】

子〇一四〇〇〇〇〇〇〇〇一六

甄正論三卷破邪論二卷　一册

明徑山寺本

書目來源：【編年】

子〇一四〇〇〇〇〇〇〇〇一七

竹窗隨筆　三册

支那本

書目來源：【編年】

子〇一四〇〇〇〇〇〇〇〇一八

彌陀疏鈔四卷　四册

支那本

書目來源：【編年】

子〇一四〇〇〇〇〇〇〇〇一九

禪門口誦　一册

支那本

書目來源：【編年】

子〇一四〇〇〇〇〇〇〇〇二〇

禪林寶訓筆説三卷　三册

乾隆十五年潭柘下院翊教寺刊本

書目來源：【編年】

子〇一四〇〇〇〇〇〇〇〇二一

淨土津梁　九册

乾隆甲辰北京阜成門外衍法寺刊本

書目來源：【編年】

子〇一四〇〇〇〇〇〇〇〇二二

淨土十要十卷　四册

乾隆甲辰北京阜成門外衍法寺刊本

書目來源：【編年】

子〇一四〇〇〇〇〇〇〇〇二三

大方便佛報恩經十卷　二册

道光廿七年潭柘山岫雲寺刊本

書目來源：【編年】

子〇一四〇〇〇〇〇〇〇〇二四

心經七譯本　一册

北京刻經處朱印本

書目來源：【編年】

子〇一四〇〇〇〇〇〇〇〇二五

觀世音持驗記　一册

北京刻經處朱印本

書目來源：【編年】

子〇一四〇〇〇〇〇〇〇〇二六

賢者五福德經戒德香經進學經八無暇有暇經四品法門經法印經　一册

北京刻經處朱印本

書目來源：【編年】

子〇一四〇〇〇〇〇〇〇二七

護法録十卷　四册

書目來源：【編年】

子〇一四〇〇〇〇〇〇〇二八

六道集節要二卷　一册

北京刻經處棉紙印本

書目來源：【編年】

子〇一四〇〇〇〇〇〇〇二九

嘉興藏目　一册

北京刻經處棉紙印本

書目來源：【編年】

子〇一四〇〇〇〇〇〇〇〇〇三〇

報恩論　四册

書目來源：【編年】

子〇一四〇〇〇〇〇〇〇〇〇三一

釋迦如來應化事蹟　四册

嘉慶中豫王府刊本

書目來源：【編年】

子〇一四〇〇〇〇〇〇〇〇〇三二

子部·類書類·類編

藝文類聚一百卷　（唐）歐陽洵奉敕撰

明嘉靖刊小字本

書目來源：【目】

子〇一五〇〇一〇〇〇〇〇〇一

藝文類聚一百卷 （唐）歐陽洵奉敕撰　四八册

明蘭雪堂銅活字本

季滄葦藏

書目來源：【目】【鑒藏】

子〇一五〇〇一〇〇〇〇〇〇二

太平御覽一千卷目録■卷 （宋）李昉等輯　一〇二册

照曠閣刊大字本

從善堂藏板宋本校栞

書目來源：【目】【鑒藏】

子〇一五〇〇一〇〇〇〇〇〇三

天中記五十卷　（明）陳耀文輯

書目來源：【目】

子〇一五〇〇一〇〇〇〇〇〇四

古事比　（清）方中德撰　六册

書目來源：【目】

子〇一五〇〇一〇〇〇〇〇〇五

子部・類書類・韵編

欽定佩文韵府　二四册

書目來源：【目】

子〇一五〇〇二〇〇〇〇〇〇一

子部·類書類·專編

周秦名字解故二卷 （清）王引之撰 二册

高郵王氏原刊本

書目來源：【目】【鑒藏】

子〇一五〇〇三〇〇〇〇〇一

集

集部·别集類·周秦漢

蔡中郎集十卷外集一卷蔡中郎集　（漢）蔡邕撰　二册

明蘭雪堂銅活字本

有盧氏抱經樓圖記

書目來源：【志】【目】【鑒藏】

集〇〇一〇〇一〇〇〇〇〇一

蔡中郎集十卷外集一卷　（漢）蔡邕撰　二册[一]

明萬曆間二年陳留令徐子器刊本，皮紙。

孫毓修臨黄蕘圃、顧千里校語並跋，繆藝風藏。

書目來源：【志】【目】【鑒藏】

集〇〇一〇〇一〇〇〇〇〇〇二

【校勘記】

〔一〕《鑒藏》作「四册」。

集部·别集類·三國晉

曹子建集第一卷起至十卷　（三國魏）曹植撰　四册

明朱墨本，白綿紙。

周星詒季貺以正德本校

書目來源：【志】【目】【鑒藏】

集〇〇一〇〇二〇〇〇〇〇〇一

潘黄門集　（晉）潘岳撰　二册

明本

書目來源：【鑒藏】

集〇〇一〇〇二〇〇〇〇〇〇二

陶淵明集八卷 （晉）陶潛撰　二册

劉氏重刊宋巾箱本，羅紋紙初印。

書目來源：【目】【鑒藏】

集〇〇一〇〇二〇〇〇〇〇〇三

湯注陶詩四卷 （晉）陶淵明撰　一册

拜經樓刊本

書目來源：【志】【目】

集〇〇一〇〇二〇〇〇〇〇〇四

湯注陶詩六卷又 （晉）陶潛撰　一册

康熙間刊本

書目來源：【目】

集〇〇一〇〇二〇〇〇〇〇〇五

陶靖節集 （晉）陶潛撰　一册

康熙谷園胡氏刻本，初印。

書目來源：【鑒藏】

集〇〇一〇〇二〇〇〇〇〇〇六

陶靖節集 （晉）陶潛撰　一册

拜經樓刻本，初印。

書目來源：【鑒藏】

集〇〇一〇〇二〇〇〇〇〇〇七

集部·别集類·南北朝隋

謝康樂集四卷（南朝宋）謝靈運撰　一册

明刊本

鑄學齋藏本

書目來源：【目】

集〇〇一〇〇三〇〇〇〇〇一

鮑照集（南朝宋）鮑照撰　二册

正德本

校宋本

書目來源：【鑒藏】

集〇〇一〇〇三〇〇〇〇〇二

鮑氏集十卷 （南朝宋）鮑照撰 二册

明天順刊本

孫毓修臨毛斧季校宋本

書目來源：【目】

集〇〇一〇〇三〇〇〇〇〇三

沈休文集四卷 （南朝梁）沈約撰 二册

明萬曆癸丑武康縣齋刊本

書目來源：【志】【目】【鑒藏】

集〇〇一〇〇三〇〇〇〇〇四

醴陵集十卷 （南朝梁）江淹撰 二册

乾隆乙亥祠堂刊本

小李山房舊藏

書目來源：【目】【鑒藏】

集〇〇一〇〇三〇〇〇〇〇〇五

醴陵集十卷　（南朝梁）江淹撰　二册

揚州刊本

以葉石君本校

書目來源：【目】

集〇〇一〇〇三〇〇〇〇〇〇六

明仿宋本江文通集江文通文集　（南朝梁）江淹撰　二册

嘉靖本

書目來源：【目】【鑒藏】

集〇〇一〇〇三〇〇〇〇〇〇七

梁江文通集十卷一函　（南朝梁）江淹撰　二册

明刊本
下學齋、潛采堂、蕭閒齋藏印。
書目來源：【目】
集〇〇一〇〇三〇〇〇〇〇〇八

徐孝穆集箋注六卷　（南朝陳）徐陵撰　二册
廣板
書目來源：【目】
集〇〇一〇〇三〇〇〇〇〇〇九

庾子山集注十六卷　（北周）庾信撰
書目來源：【目】
集〇〇一〇〇三〇〇〇〇〇一〇

集部・别集類・唐代

駱賓王集　（唐）駱賓王撰　三册

嘉靖本

書目來源：【鑒藏】

集〇〇一〇〇四〇〇〇〇〇〇一

張燕公集　（唐）張説撰　四册

内聚珍板

書目來源：【目】【鑒藏】

集〇〇一〇〇四〇〇〇〇〇〇二

王右丞集注二十八卷附録二卷　（唐）王維撰

書目來源：【目】

集〇〇一〇〇四〇〇〇〇〇〇三

王摩詰集　（唐）王維撰　二册

嘉靖本

書目來源：【鑒藏】

集〇〇一〇〇四〇〇〇〇〇〇四

王摩詰集十卷　（唐）王維撰　二册

明正德刻本

書目來源：【志】【目】

集〇〇一〇〇四〇〇〇〇〇〇五

李太白詩集注三十六卷　（唐）李白撰

書目來源：【目】

集〇〇一〇〇四〇〇〇〇〇〇六

分類補注李太白集三十卷　（唐）李白撰　二册

明郭雲鵬刊本，初印。

書目來源：【志】【目】

集〇〇一〇〇四〇〇〇〇〇〇七

顔文忠公集顔文忠集　（唐）顔真卿撰　二册

内聚珍板

書目來源：【目】【鑒藏】

集〇〇一〇〇四〇〇〇〇〇〇八

顔魯公集十五卷補遺一卷年譜一卷行狀一卷碑銘一卷舊史本傳一卷新史本傳一卷　（唐）顔真卿撰　四册

明安氏桂坡館銅活字本

書目來源：【志】【目】

集〇〇一〇〇四〇〇〇〇〇〇九

集千家注杜詩　（唐）杜甫撰

書目來源：【目】

集〇〇一〇〇四〇〇〇〇〇一〇

杜陵詩史　（唐）杜甫撰　六册

劉氏覆宋本，料半紙初印，闊大。

書目來源：【鑒藏】

集〇〇一〇〇四〇〇〇〇〇一一

杜工部集　（唐）杜甫撰

書目來源：【志】【目】

集〇〇一〇〇四〇〇〇〇〇一二

詠懷古跡　（唐）杜甫撰　一册

汲古閣刊本

書目來源：【目】

集〇〇一〇〇四〇〇〇〇〇一三

獨孤憲公毘陵集二十卷補遺一卷附録一卷　（唐）獨狐及撰　二册

趙氏亦有生齋刊本

鮑以文校

書目來源：【志】【目】

集〇〇一〇〇四〇〇〇〇〇一四

劉隨州詩　（唐）劉長卿撰　三册

康熙本

書目來源：【鑒藏】

集〇〇一〇〇四〇〇〇〇〇〇一五

韋蘇州集十卷　（唐）韋應物撰　三册

影寫元鈔宋刊本，毛泰紙。

書目來源：【目】【鑒藏】

集〇〇一〇〇四〇〇〇〇〇〇一六

權載之集五十卷權載之文集　（唐）權德輿撰　八册

嘉慶刊本

書目來源：【目】【鑒藏】

集〇〇一〇〇四〇〇〇〇〇〇一七

昌黎先生集四十卷外集十卷遺文■卷昌黎集　（唐）韓愈撰　七册

明徐氏東雅堂翻宋本，明談十山點句，初印，皮紙。

有談氏延恩樓圖記

書目來源：【目】【鑒藏】

集〇〇一〇〇四〇〇〇〇〇一八

韓文四十卷外集十卷集傳一卷 （唐）韓愈撰　八册

明遊居敬刊本

安孟公評閲，有跋。

書目來源：【目】【鑒藏】

集〇〇一〇〇四〇〇〇〇〇一九

白氏長慶集七十一卷目録二卷 （唐）白居易撰　一二册

明馬元調刻本，季滄葦鈔補。

書目來源：【志】【目】

集〇〇一〇〇四〇〇〇〇〇二〇

白香山詩集四十卷附録一卷年譜二卷 （唐）白居易撰

書目來源：【目】

集〇〇一〇〇四〇〇〇〇〇二一

增廣註釋音辨唐柳先生文集　（唐）柳宗元撰　一〇册

元翻南宋板

此書極有價值，錫山安氏珍藏，後因散出者。

書目來源：【目】【鑒藏】

集〇〇一〇〇四〇〇〇〇〇二二

唐柳先生文集　（唐）柳宗元撰

書目來源：【目】

集〇〇一〇〇四〇〇〇〇〇二三

增廣注釋音辨唐柳先生集四十三卷別集二卷外集二卷附録一卷　（唐）柳宗元撰

明初黑口本

安孟公評點並跋

書目來源：【目】

集〇〇一〇〇四〇〇〇〇〇〇二四

元氏長慶集六十卷補遺六卷 （唐）元稹撰　六册

明馬元調刻本

書目來源：【志】【目】

集〇〇一〇〇四〇〇〇〇〇〇二五

沈下賢集十二卷沈下賢文集 （唐）沈亞之撰　二册

明鈔本，日本美濃紙。

書目來源：【目】【鑒藏】

集〇〇一〇〇四〇〇〇〇〇〇二六

李賀詩編 （唐）李賀撰

明栞本

徐渭董懋榮批注

書目來源：【目】

集〇〇一〇〇四〇〇〇〇〇二七

樊川文集二十卷外集一卷别集一卷　(唐)杜牧撰　一〇册

明翻宋本

書目來源：【目】

集〇〇一〇〇四〇〇〇〇〇二八

温飛卿集箋註九卷　(唐)温庭筠撰，(明)曾益註

書目來源：【目】

集〇〇一〇〇四〇〇〇〇〇二九

李義山詩注三卷補注一卷李義山詩集箋注　(唐)李商隱撰

松桂堂刊本

書目來源:【志】【目】

集〇〇一〇〇四〇〇〇〇〇三〇

司空表聖詩集三卷　一册

書目來源:【編年】

集〇〇一〇〇四〇〇〇〇〇三一

皮子文藪十卷　(唐)皮日休撰　二册

明刊本

有鮑以文、顧千里圖記,宏信手跋。

書目來源:【志】【目】

集〇〇一〇〇四〇〇〇〇〇三二

唐皮日休文集十卷　(唐)皮日休撰　二册

明正德袁氏刻本

書目來源：【志】【目】

集○○一○○四○○○○○三三

黄御史集 （唐）黄滔撰　二册

明本

書目來源：【鑒藏】

集○○一○○四○○○○○三四

唐女郎魚玄機詩 （唐）魚玄機撰　一册

書目來源：【目】

集○○一○○四○○○○○三五

孫可之集十卷 （唐）孫樵撰

書目來源：【目】

集〇〇一〇〇四〇〇〇〇〇三六

顧千里評校笠澤叢書 （唐）陸龜蒙撰　二册

書目來源：【志】【目】

集〇〇一〇〇四〇〇〇〇〇三七

笠澤叢書四卷補遺一卷笠澤叢書不分卷 （唐）陸龜蒙撰　二册

顧氏碧雲草堂刊本，開化紙初印。

有謏聞齋圖記

書目來源：【志】【目】【鑒藏】

集〇〇一〇〇四〇〇〇〇〇三八

笠澤叢書不分卷 （唐）陸龜蒙撰　二册

顧千里校本

三跋

書目來源：【目】【鑒藏】

集〇〇一〇〇四〇〇〇〇〇三九

集部·别集類·宋代

唐先生眉山全集 （宋）唐庚撰　三册

雍正覆宋本

書目來源：【鑒藏】

集〇〇一〇〇五〇〇〇〇〇一

唐眉山集第一卷起至十卷　（宋）唐庚撰　二册

舊精刻本

歸安江亮采校訂

有十餘圖章

書目來源：【目】

集〇〇一〇〇五〇〇〇〇〇〇〇二

唐子西集 （宋）唐庚撰　一册

汪氏擺印本

書目來源：【目】

集〇〇一〇〇五〇〇〇〇〇〇〇三

徐公文集三十卷附録一卷 （宋）徐鉉撰　六册

徐氏刊本

書目來源：【目】

集〇〇一〇〇五〇〇〇〇〇〇〇四

徐騎省文集 （宋）徐鉉撰　六册

劉氏覆宋本，羅紋紙印。

書目來源：【鑒藏】

集〇〇一〇〇五〇〇〇〇〇〇五

南陽集 （宋）趙湘撰　一册

内聚珍本

書目來源：【目】【鑒藏】

集〇〇一〇〇五〇〇〇〇〇〇六

鉅鹿東觀集 （宋）魏野撰　二册

劉氏覆宋本羅紋紙初印

書目來源：【鑒藏】

集〇〇一〇〇五〇〇〇〇〇〇七

鉅鹿東觀集十卷 （宋）魏野撰　一册

明黑格鈔本

有季滄葦、繆文子、毛叔美圖記。

書目來源：【志】【目】【鑒藏】

集〇〇一〇〇五〇〇〇〇〇〇八

范文正公集二十卷别集四卷政府奏議二卷尺牘三卷義莊規矩一卷褒賢集五卷補編五卷鄱陽遺事録一卷遺蹟録一卷言行拾遺事録四卷年譜一卷補遺一卷　（宋）范仲淹撰

書目來源：【目】

集〇〇一〇〇五〇〇〇〇〇〇九

范文正忠宣全集　（宋）范仲淹撰　一〇册

書目來源：【目】

集〇〇一〇〇五〇〇〇〇〇一〇

文恭集　（宋）胡宿撰　一〇册

内聚珍板

書目來源：【目】【鑒藏】

集〇〇一〇〇五〇〇〇〇〇一一

元憲集 （宋）宋庠撰 四册

內聚珍板

書目來源：【目】【鑒藏】

集〇〇一〇〇五〇〇〇〇〇一二

歐陽文忠公居士集五十卷外集二十五卷四六集七卷奏議集十八卷河東奉使奏草二卷河北奉使奏草二卷奉事録一卷濮議四卷崇文總目叙釋一卷于役志一卷歸田録一卷詩話一卷筆説一卷試筆一卷近體樂府三卷集古録十卷書簡十卷[一] （宋）歐陽修撰 一六册

明刊本

書目來源：【志】【目】

集〇〇一〇〇五〇〇〇〇〇一三

【校勘記】

〔一〕孫氏原稿題名中多有誤字，今按通行本目録徑改。

歐陽文粹二十卷遺粹十卷歐陽先生文粹　（宋）歐陽修撰　八册〔一〕

明郭雲鵬刊本，初印。

書目來源：【志】【目】【鑒藏】

集〇〇一〇〇五〇〇〇〇〇一四

【校勘記】

〔一〕《鑒藏》作「六册」。

鐔津文集十九卷　四册

支那本

書目來源：【編年】

集〇〇一〇〇五〇〇〇〇〇一五

嘉祐集十五卷　（宋）蘇洵撰　二册

平津館影寫宋小字本

書目來源：【目】

集〇〇一〇〇五〇〇〇〇〇一六

嘉祐集十五卷　（宋）蘇洵撰　四册

弘治癸亥義興氏刊本

繆筱珊以宋本校

書目來源：【目】【鑒藏】

集〇〇一〇〇五〇〇〇〇〇一七

華陽集　（宋）王珪撰　一〇册

内聚珍板

書目來源：【目】【鑒藏】

集〇〇一〇〇五〇〇〇〇〇〇一八

司馬文正公集八十二卷 (宋)司馬光撰 二〇册

乾隆甲子百禄堂刊本

書目來源:【目】

集〇〇一〇〇五〇〇〇〇〇〇一九

王荆公詩註五十卷 (宋)王安石撰

書目來源:【目】

集〇〇一〇〇五〇〇〇〇〇〇二〇

彭城集 (宋)劉攽撰 八册

内聚珍板

書目來源:【志】【目】【鑒藏】

集〇〇一〇〇五〇〇〇〇〇〇二一

忠宣文集六卷　（宋）范純仁撰　一册

明嘉靖甲寅盧陵刊本

書目來源：【志】【目】

集〇〇一〇〇五〇〇〇〇〇〇二二

范忠宣公集　（宋）范純仁撰　一〇册

書目來源：【目】

集〇〇一〇〇五〇〇〇〇〇〇二三

范忠宣公集二十卷奏議二卷遺文一卷附録一卷補編一卷　（宋）范純仁撰　六册

書目來源：【目】

集〇〇一〇〇五〇〇〇〇〇〇二四

重刻節孝先生集序　（宋）徐積撰　四册

書目來源：【目】

集〇〇一〇〇五〇〇〇〇〇〇二五

錢塘韋先生文集十八卷　（宋）韋驤撰　一六册

藍格寫本

宋諱闕筆

姚世榮校跋

書目來源：【志】【目】【鑒藏】

集〇〇一〇〇五〇〇〇〇〇〇二六

東坡集四十卷後集二十卷内制集十卷外制集三卷應詔集十卷奏議十五卷續集十二卷紀年一卷校語一卷　（宋）蘇軾撰

書目來源：【目】

集〇〇一〇〇五〇〇〇〇〇〇二七

施註蘇詩二十二卷年譜一卷王註正譌一卷　（宋）蘇軾撰

書目來源：【目】

集〇〇一〇〇五〇〇〇〇〇〇二八

重校寓惠録四卷蘇文忠寓惠録　（宋）蘇軾撰　二册

明嘉靖二十三年藍印本

書目來源：【志】【目】【鑒藏】

集〇〇一〇〇五〇〇〇〇〇〇二九

坡仙集■卷　（宋）蘇軾撰　六册

明本

書目來源：【目】【鑒藏】

集〇〇一〇〇五〇〇〇〇〇〇三〇

天順本蘇詩摘律蘇詩摘律　（明）劉弘集注　二册

天順本

書目來源：【志】【目】【鑒藏】

集〇〇一〇〇五〇〇〇〇〇三一

蘇詩補注八卷附志道集 （清）翁方綱撰 一册

蘇齋翁氏刊本

書目來源：【目】【鑒藏】

集〇〇一〇〇五〇〇〇〇〇三二

經進東坡文集事略 （宋）蘇軾撰 二〇册

宋版

書目來源：【目】

集〇〇一〇〇五〇〇〇〇〇三三

欒城集五十卷後集二十四卷三集十卷 （宋）蘇轍撰 二六册

明嘉靖辛丑蜀藩活字本

繆藝風藏

書目來源：【目】【鑒藏】

集〇〇一〇〇五〇〇〇〇〇三四

山谷詩注　（宋）黄庭堅撰　六册

内聚珍本

書目來源：【鑒藏】

集〇〇一〇〇五〇〇〇〇〇三五

山谷内集　（宋）黄庭堅撰　六册

書目來源：【目】

集〇〇一〇〇五〇〇〇〇〇三六

淮海集四十卷後集六卷長短句三卷　（宋）秦觀撰　一〇册

明本

書目來源：【志】【目】【鑒藏】

集〇〇一〇〇五〇〇〇〇〇三七

慶湖遺老詩集九卷拾遺一卷補遺一卷 （宋）賀鑄撰　四册

舊抄本

繆筱珊、徐積餘校。

書目來源：【目】【鑒藏】

集〇〇一〇〇五〇〇〇〇〇三八

後山詩注 （宋）陳師道撰　二册

内聚珍板

書目來源：【目】【鑒藏】

集〇〇一〇〇五〇〇〇〇〇三九

柯山集 （宋）張耒撰　八册

内聚珍板

書目來源：【目】【鑒藏】

集〇〇一〇〇五〇〇〇〇〇四〇

宗忠簡集八卷　（宋）宗澤撰　二册

康熙王廷曾刊本

有知聖道齋印記

書目來源：【目】

集〇〇一〇〇五〇〇〇〇〇四一

浮沚集　（宋）周行己撰　二册

内聚珍板

書目來源：【目】【鑒藏】

集〇〇一〇〇五〇〇〇〇〇四二

西渡集不分卷　（宋）洪炎撰

書目來源：【目】

集〇〇一〇〇五〇〇〇〇〇四三

尹和靖先生集八卷　（宋）尹焞撰　二册

明刊本

書目來源：【目】

集〇〇一〇〇五〇〇〇〇〇四四

學易集　（宋）劉跂撰　二册

内聚珍本

書目來源：【目】【鑒藏】

集〇〇一〇〇五〇〇〇〇〇四五

茶山集　（宋）曾幾撰　二册

書目來源：【目】

集〇〇一〇〇五〇〇〇〇〇四六

簡齋集上下 （宋）陳與義撰 二册

内聚珍本

書目來源：【目】【鑒藏】

集〇〇一〇〇五〇〇〇〇〇四七

蘆川歸來集十一卷存卷六之十六 （宋）張元幹撰 二册

影宋鈔本

書目來源：【目】

集〇〇一〇〇五〇〇〇〇〇四八

晁具茨先生集注十五卷 （宋）晁沖之撰 四册

書目來源：【目】

集〇〇一〇〇五〇〇〇〇〇四九

晁具茨詩集晁具次先生詩集　（宋）晁沖之撰　二册

翻宋本

書目來源：【目】【鑒藏】

集〇〇一〇〇五〇〇〇〇〇五〇

岳武穆集十卷附事略　二册

新刻本

書目來源：【編年】

集〇〇一〇〇五〇〇〇〇〇五一

棣華館集四卷　（宋）楊甲撰　二册

舊抄本

書目來源：【目】

集〇〇一〇〇五〇〇〇〇〇五二

文定集 (宋)汪應辰撰 四册

内聚珍板

書目來源:【目】【鑒藏】

集〇〇一〇〇五〇〇〇〇〇五三

野處類藁二卷 (宋)洪邁撰

書目來源:【目】

集〇〇一〇〇五〇〇〇〇〇五四

渭南文集五十一卷 (宋)陸游撰 一二册

明正德癸酉紹興刊本

書目來源:【目】

集〇〇一〇〇五〇〇〇〇〇五五

石湖詩集三十四卷 （宋）范成大撰

書目來源：【目】

集〇〇一〇〇五〇〇〇〇〇五六

雪谿集五卷 （宋）王銍撰

書目來源：【目】

集〇〇一〇〇五〇〇〇〇〇五七

江湖長翁集四十卷 （宋）陳造撰 二〇册

明萬曆四十六年李之藻合刊本

有查初白圖記

書目來源：【志】【目】【鑒藏】

集〇〇一〇〇五〇〇〇〇〇五八

雪山集 （宋）王質撰 四册

内聚珍板

書目來源：【目】【鑒藏】

集〇〇一〇〇五〇〇〇〇〇五九

鄂州小集六卷附録二卷郢州遺文附　(宋)羅願撰　四册

康熙癸巳七略書堂刊本，初印。

有張紹仁、吴枚菴鉥記。

書目來源：【目】

集〇〇一〇〇五〇〇〇〇〇六〇

鄂州小集上下　(宋)羅願撰　二册

康熙本

吴翌鳳藏

書目來源：【志】【目】【鑒藏】

集〇〇一〇〇五〇〇〇〇〇〇六一

東萊集二十卷　（宋）呂祖謙撰　四册

舊寫本

書目來源：【目】

集〇〇一〇〇五〇〇〇〇〇〇六二

止齋集第一卷起至五十二卷　（宋）陳傅良撰　六册

明正德刻本

書目來源：【目】

集〇〇一〇〇五〇〇〇〇〇〇六三

止齋先生文集五十二卷　（宋）陳傅良撰　六册

明正德元年温州繙宋永嘉刊本，初印本。

有顧氏養拙齋圖記

書目來源：【志】【目】【鑒藏】

集〇〇一〇〇五〇〇〇〇〇六四

攻媿集　（宋）樓鑰撰　二四册

内聚珍本

書目來源：【鑒藏】

集〇〇一〇〇五〇〇〇〇〇六五

止堂集　（宋）彭龜年撰　四册

内聚珍本

書目來源：【鑒藏】

集〇〇一〇〇五〇〇〇〇〇六六

絜齋集上下　（宋）袁燮撰　六册

内聚珍板

書目來源：【目】【鑒藏】

集〇〇一〇〇五〇〇〇〇〇六七

白石道人集不分卷　（宋）姜夔撰

書目來源：【目】

集〇〇一〇〇五〇〇〇〇〇六八

方壺存稿四卷附録一卷　（宋）汪莘撰　二册

書目來源：【目】

集〇〇一〇〇五〇〇〇〇〇六九

野谷詩六卷　（宋）趙汝鐩撰

書目來源：【目】

集〇〇一〇〇五〇〇〇〇〇七〇

魏鶴山渠陽集　（宋）魏了翁撰　一册

劉氏覆宋本，羅紋紙初印。

書目來源：【鑒藏】

集〇〇一〇〇五〇〇〇〇〇七一

後村居士大全集一百九十六卷後邨大全集　（宋）劉克莊撰　三二册

舊鈔校本

愛日精廬藏本，有校。

書目來源：【志】【鑒藏】

集〇〇一〇〇五〇〇〇〇〇七二

方是閒居士小〔一〕藁三卷　（宋）劉學箕撰

書目來源：【目】

集〇〇一〇〇五〇〇〇〇〇七三

【校勘記】

〔一〕「士小」二字孫氏原稿無，今按通行本目録加。

彝齋文編四卷　（宋）趙孟堅撰　二册

沈叔埏輯《永樂大典》原本，藍格子，美濃紙。

書目來源：【目】【鑒藏】

集〇〇一〇〇五〇〇〇〇七四

友林乙藳　（宋）史彌寧撰　一册

袁氏影宋本

書目來源：【目】【鑒藏】

集〇〇一〇〇五〇〇〇〇七五

蛟峰先生文集七卷外集四卷　（宋）方逢辰撰　二册

明天順辛巳玉山刊黑口本，初印。

書目來源：【志】【目】【鑒藏】

集〇〇一〇〇五〇〇〇〇〇七六

陵陽先生集存卷一之二、卷十六之二十四，凡十一卷。　（宋）牟巘撰　四册

明人寫本

有陳氏帶經堂鈢記

書目來源：【志】【目】【鑒藏】

集〇〇一〇〇五〇〇〇〇〇七七

須溪記鈔劉須溪先生記鈔，第一卷起至第八卷。　（宋）劉辰翁撰　二册

明天啓本

書目來源：【目】【鑒藏】

集〇〇一〇〇五〇〇〇〇〇七八

汪水雲詩不分卷　（宋）汪元量撰

書目來源：【目】

集〇〇一〇〇五〇〇〇〇〇七九

存雅堂遺稿四卷　（宋）方鳳撰　二册

舊寫本

書目來源：【目】

集〇〇一〇〇五〇〇〇〇〇八〇

集部·别集類·金國

拙軒集　（金）王寂撰　二册

書目來源：【目】

集〇〇一〇〇六〇〇〇〇〇〇一

拙軒集　（金）王寂撰　一册

內聚珍板

書目來源：【志】【目】【鑒藏】

集〇〇一〇〇六〇〇〇〇〇〇二

滹南集四卷詩話三卷滹南詩話　（金）王若虛撰　三册

舊寫本

無錫許眉岑校跋

有璜川吴氏圖記

書目來源：【志】【目】【鑒藏】

集〇〇一〇〇六〇〇〇〇〇〇三

滹南集引　（金）王若虛撰　三册

舊鈔

名人校對

書目來源：【目】

集〇〇一〇〇六〇〇〇〇〇〇〇四

元遺山集四十卷附録一卷　（金）元好問撰　一二册

康熙華氏劍光閣重刊弘治本

書目來源：【目】【鑒藏】

集〇〇一〇〇六〇〇〇〇〇〇〇五

集部·别集類·元代

磻溪集不分卷　（元）丘處機撰

書目來源：【志】

集〇〇一〇〇七〇〇〇〇〇〇〇一

還山遺稿二卷附録一卷補遺一卷　（元）楊奂撰　一册

舊寫本

姚古香校跋

書目來源：【目】【鑒藏】

集〇〇一〇〇七〇〇〇〇〇〇二

湛然居士集十四卷湛然居士文集　（元）耶律楚材撰　三册

影寫元刊本

有朱氏結一廬圖記

書目來源：【志】【目】【鑒藏】

集〇〇一〇〇七〇〇〇〇〇〇三

金仁山文集　（元）金履祥輯　二册

乾隆本，初印。

繆藝風藏

書目來源：【鑒藏】

集〇〇一〇〇七〇〇〇〇〇〇〇四

仁山文集上下　（元）金履祥撰　二册

春暉堂藏板

書目來源：【目】

集〇〇一〇〇七〇〇〇〇〇〇〇五

牧菴集牧庵集　（元）姚燧撰　一〇册

内聚珍板

書目來源：【目】【鑒藏】

集〇〇一〇〇七〇〇〇〇〇〇〇六

剡源文選四卷　（元）戴表元撰　一册

康熙中馬寒中刊本

汪季青藏印、盧抱經印

書目來源：【志】【目】【鑒藏】

集〇〇一〇〇七〇〇〇〇〇〇七

剡源集三十卷附校勘 （元）戴表元撰

書目來源：【目】

集〇〇一〇〇七〇〇〇〇〇〇八

翠寒集 （元）宋旡撰 一册

汲古閣本

書目來源：【鑒藏】

集〇〇一〇〇七〇〇〇〇〇〇九

虞伯生詩後三卷附葉氏四愛堂序詠一卷 （元）虞集撰 一册

影寫元刊本，羅紋紙。

書目來源：【目】

集〇〇一〇〇七〇〇〇〇〇一〇

伯生詩續編一册　（元）虞集撰

我先人星如以舊藏羅紋紙手抄並有跋，所以雖千金不賣也，留與子孫作爲紀念品。

書目來源：【目】

集〇〇一〇〇七〇〇〇〇〇一一

伯生書續編　（元）虞集撰

舊□改甫鈔本

書目來源：【鑒藏】

集〇〇一〇〇七〇〇〇〇〇一二

周此山先生詩集四卷　（元）周權撰　四册

舊寫本

孫毓修校元刊本

書目來源：【志】【目】

集〇〇一〇〇七〇〇〇〇〇一三

弁山小隱吟録二卷 （元）黄玠撰 一册

舊寫本

有校

書目來源：【目】【鑒藏】

集〇〇一〇〇七〇〇〇〇〇一四

黄文獻公别集二卷黄文獻公集别録 （元）黄溍撰 二册

明嘉靖■■刊本

王蓮涇、繆藝風舊藏。

書目來源：【目】【鑒藏】

集〇〇一〇〇七〇〇〇〇〇一五

金華黄先生文集四十三卷補一卷　(元)黄溍撰　一六册

影寫元刊本

書目來源:【目】

集〇〇一〇〇七〇〇〇〇〇一六

黄學士文集　(元)黄溍撰　二〇册

舊鈔,足本。

書目來源:【鑒藏】

集〇〇一〇〇七〇〇〇〇〇一七

滄浪軒詩集六卷　(元)吕彦貞撰　二册

精鈔本

書目來源:【志】【目】【鑒藏】

集〇〇一〇〇七〇〇〇〇〇一八

安雅堂集

書目來源：【編年】

集〇〇一〇〇七〇〇〇〇〇一九

藥房樵唱三卷附録一卷藥房樵唱集　（元）吴景奎撰　一册

《四庫》發還知不足齋抄本

鮑以文手寫序目並校

乾隆御覽

書目來源：【目】【鑒藏】

集〇〇一〇〇七〇〇〇〇〇二〇

僑吴集十二卷　（元）鄭元祐撰　四册

影寫弘治刊本，毛太紙。

書目來源：【目】【鑒藏】

集〇〇一〇〇七〇〇〇〇〇二一

鐵厓文集鐵崖文集，第一卷起至五卷。（元）楊維楨撰　四册

弘治本

會稽楊維楨著，毘陵朱昱校正。

書目來源：【目】【鑒藏】

集〇〇一〇〇七〇〇〇〇〇二二

倪雲林先生集存卷三、四　（元）倪瓚撰　一册

明荆溪蹇曦刊本

有東林安勳卿鉥記並跋

書目來源：【志】【目】

集〇〇一〇〇七〇〇〇〇〇二三

倪雲林詩集　（元）倪瓚撰　四册

天順本

書目來源：【鑒藏】

集〇〇一〇〇七〇〇〇〇〇二四

倪雲林集　（元）倪瓚撰　四册

明正德本

書目來源：【目】

集〇〇一〇〇七〇〇〇〇〇二五

余忠宣公集六卷余忠宣文集　（元）余闕撰　二册

明嘉靖三十三年廬州刊本

書目來源：【志】【鑒藏】

集〇〇一〇〇七〇〇〇〇〇二六

聞過齋集

書目來源：【編年】

集〇〇一〇〇七〇〇〇〇〇二七

集部·別集類·明代

竹齋集四卷　（明）王冕撰

書目來源：【目】

集〇〇一〇〇八〇〇〇〇〇〇一

臨安集存卷一之三　（明）錢宰撰　一册

文瀾閣寫本

書目來源：【目】【鑒藏】

集〇〇一〇〇八〇〇〇〇〇〇二

欽定四庫全書臨安集 （明）錢宰撰　一册

舊鈔

書目來源：【目】

集〇〇一〇〇八〇〇〇〇〇〇三

洪武本犁眉公集 （明）劉基撰　二册

洪武本

書目來源：【目】【鑒藏】

集〇〇一〇〇八〇〇〇〇〇〇四

犁眉公集五卷 （明）劉基撰　二册

明洪武巾箱本

有楊惺〔一〕吾像並飛青閣圖記

原書褾裏紙乃宋板《草堂詩箋》，今附訂卷尾。

書目來源：【志】【目】

集〇〇一〇〇八〇〇〇〇〇〇五

【校勘記】

〔一〕「惺」原稿作「悟」，誤，徑改。

王文忠公文集　（明）王禕撰　一二册

嘉靖本，白綿紙。

書目來源：【鑒藏】

集〇〇一〇〇八〇〇〇〇〇〇六

槎軒集十卷　（明）高啓撰　二册

舊鈔本

黄蕘圃跋

書目來源：【志】【目】【鑒藏】

集〇〇一〇〇八〇〇〇〇〇〇七

高青邱大全集　(明)高啓撰

書目來源：【目】

集〇〇一〇〇八〇〇〇〇〇〇八

青邱集箋註十八卷鳧藻集五卷　(明)高啓撰

書目來源：【目】

集〇〇一〇〇八〇〇〇〇〇〇九

袁海叟集三卷　(明)袁凱撰　一册

書目來源：【志】【目】

集〇〇一〇〇八〇〇〇〇〇一〇

海叟集三卷　(明)袁凱撰　一册

明正德間刊本
書目來源：【志】【目】【鑒藏】
集〇〇一〇〇八〇〇〇〇〇一一

海叟詩集四卷集外詩一卷附録一卷海叟集　（明）袁凱撰　二册
康熙曹氏城書屋刊本，初印。
王西莊手批
有校跋
書目來源：【志】【目】【鑒藏】
集〇〇一〇〇八〇〇〇〇〇一二

河汾詩　（明）薛瑄撰　一册
書目來源：【目】
集〇〇一〇〇八〇〇〇〇〇一三

石田集三卷石田稿　（明）沈周撰　三册

明弘治癸亥嘉定黄淮刊本

安孟公批校

書目來源：【志】【目】

集〇〇一〇〇八〇〇〇〇〇一四

羅一峰集十卷　（明）羅倫撰

明嘉靖刊本

書目來源：【目】

集〇〇一〇〇八〇〇〇〇〇一五

西村集　一册

明板清修本

書目來源：【編年】

集〇〇一〇〇八〇〇〇〇〇〇一六

學古齋集四卷　一册

瞿氏鐵琴銅劍樓刊本

書目來源：【編年】

集〇〇一〇〇八〇〇〇〇〇〇一七

容春堂前集　（明）邵寶撰　八册

嘉靖本

外孫秦榛重校刊

書目來源：【目】【鑒藏】

集〇〇一〇〇八〇〇〇〇〇〇一八

陽明先生類編十五卷　（明）王守仁撰　一〇册

書目來源：【目】

集〇〇一〇〇八〇〇〇〇〇一九

重刊陽明先生文録叙 （明）王守仁撰　三册

書目來源：【目】

集〇〇一〇〇八〇〇〇〇〇二〇

居夷集二卷附録一卷 （明）王守仁撰　一册

明嘉靖間刊本

有丁氏菡生、惠氏紅豆、馬氏香谷鈢記。

書目來源：【志】【目】

集〇〇一〇〇八〇〇〇〇〇二一

桂坡游藁 （明）安國撰　一册

安廓菴孟公合寫本

書目來源：【志】【目】

集〇〇一〇〇八〇〇〇〇〇二二

桂坡游蘇藁 （明）安國撰　二册

桂坡館刊本

安孟公手跋並鈔補闕葉

書目來源：【志】【目】

集〇〇一〇〇八〇〇〇〇〇二三

桂坡大夫游草舊刊 （明）安國撰　二册

書目來源：【志】【目】

集〇〇一〇〇八〇〇〇〇〇二四

安桂坡館游吟小稿 （明）安國撰　二册

嘉靖本

書目來源：【鑒藏】

集〇〇一〇〇八〇〇〇〇〇二五

白陽山人集 (明)陳淳撰

書目來源:【目】

集〇〇一〇〇八〇〇〇〇〇二六

陳白昜集

明刻

書目來源:【編年】

集〇〇一〇〇八〇〇〇〇〇二七

鄭善夫集 (明)鄭善夫撰

書目來源:【目】

集〇〇一〇〇八〇〇〇〇〇二八

王仲山詩選　（明）王問撰　四册

明本

書目來源：【目】【鑒藏】

集〇〇一〇〇八〇〇〇〇〇二九

皇甫汸百泉還山詩不分卷皇甫百泉還山詩　（明）皇甫汸撰　一册

明刊大字本，白棉紙印。

書目來源：【志】【鑒藏】

集〇〇一〇〇八〇〇〇〇〇三〇

青霞集

抱經樓鈔本

書目來源：【編年】

集〇〇一〇〇八〇〇〇〇〇三一

具茨集五卷補遺一卷文集八卷補遺一卷附録一卷遺藁一卷　（明）王立道撰　六册

明萬曆間王氏嘉樂堂刊本

書目來源：【目】

集〇〇一〇〇八〇〇〇〇〇三二

徐文長集三十卷補遺一卷　（明）徐渭撰　五册

明刊本，初印。

書目來源：【目】

集〇〇一〇〇八〇〇〇〇〇三三

明月篇二卷　一册

明萬曆本

書目來源：【編年】

集〇〇一〇〇八〇〇〇〇〇三四

尚友堂詩集 (明)龔勉撰 四册

錫山龔勉著，明本。

書目來源：【鑒藏】

集〇〇一〇〇八〇〇〇〇〇三五

孫宗伯集 (明)孫繼皋撰 八册

明本

書目來源：【鑒藏】

集〇〇一〇〇八〇〇〇〇〇三六

孫大宗伯集 (明)孫繼皋撰

書目來源：【目】

集〇〇一〇〇八〇〇〇〇〇三七

經皋藏稿 (明)顧憲成撰 四册

明本

書目來源：【鑒藏】

集〇〇一〇〇八〇〇〇〇〇三八

涇皋藏稿二十二卷　四册

明刊本

書目來源：【編年】

集〇〇一〇〇八〇〇〇〇〇三九

董中峰先生文選　（明）董其昌撰　八册

嘉靖本

書目來源：【鑒藏】

集〇〇一〇〇八〇〇〇〇〇四〇

容臺文集九卷詩■卷别集四卷容臺集　（明）董其昌撰　一六册

明刊本

書目來源：【目】【鑒藏】

集〇〇一〇〇八〇〇〇〇〇四一

高子遺書補編三卷　（明）高攀龍撰　二册

安念祖手寫本

未刊孤本

書目來源：【志】【目】

集〇〇一〇〇八〇〇〇〇〇四二

高子未刻稿　（明）高攀龍撰　二册

書目來源：【目】

集〇〇一〇〇八〇〇〇〇〇四三

天全堂集　（明）安希范撰　五册

安孟公手寫本

書目來源:【目】【鑒藏】

集〇〇一〇〇八〇〇〇〇〇四四

袁中郎十種 (明)袁宏道撰　二册

明本，初印。

書目來源:【目】【鑒藏】

集〇〇一〇〇八〇〇〇〇〇四五

小菴羅集　二册

城書室本

書目來源:【編年】

集〇〇一〇〇八〇〇〇〇〇四六

尚志堂集 (明)金聲撰　四册

書目來源：【目】
集〇〇一〇〇八〇〇〇〇〇四七

集部·别集類·清代

南雷文案十卷外集一卷吾悔集四卷撰杖集一卷子劉子行狀二卷南雷詩曆三卷學箕初稿二卷 （清）黄宗羲撰 八册
書目來源：【目】
集〇〇一〇〇九〇〇〇〇〇〇一

南雷文約四卷 （清）黄宗羲撰 四册
原刊本
書目來源：【目】
集〇〇一〇〇九〇〇〇〇〇〇二

南雷文定前集十卷後集四卷附録一卷三集三卷四集四卷五集三卷附録一卷　（清）黄宗羲撰　一〇册

書目來源：【目】

集〇〇一〇〇九〇〇〇〇〇〇三

南雷文集十卷外集一卷續文案四卷三刻一卷子劉子行述二卷南雷詩歷三卷南雷文定五集二十七卷附學箕初稿二卷　（清）黄宗羲撰　一二册〔一〕

原刻

書目來源：【目】【鑒藏】

集〇〇一〇〇九〇〇〇〇〇〇四

【校勘記】

〔一〕《鑒藏》作「一六册」。

賴古堂詩集　（清）周亮工撰　二册

原刻本

書目來源：【目】【鑒藏】

集〇〇一〇〇九〇〇〇〇〇〇〇五

賴古堂詩文集二十四卷賴古堂集　（清）周亮工撰　四册

原刻，初印。

書目來源：【志】【目】【鑒藏】

集〇〇一〇〇九〇〇〇〇〇〇〇〇六

味外軒集一卷江山集一卷詠懷古跡一卷金陵覽古一卷　（清）余懷撰　一册

汲古閣刻本

書目來源：【目】

集〇〇一〇〇九〇〇〇〇〇〇〇〇七

陋軒詩集　（清）吴嘉紀撰

書目來源：【志】【目】

集〇〇一〇〇九〇〇〇〇〇〇〇八

西堂雜俎　（清）尤侗撰

書目來源：【目】

集〇〇一〇〇九〇〇〇〇〇〇〇九

施愚山全集　（清）施閏章撰　二〇册

原刻

書目來源：【鑒藏】

集〇〇一〇〇九〇〇〇〇〇〇一〇

蕉林集詠　（清）梁清標撰

書目來源：【目】

集〇〇一〇〇九〇〇〇〇〇〇一一

居易堂集二十卷　（清）徐枋撰　六册

康熙甲子刊本

書目來源：【目】

集〇〇一〇〇九〇〇〇〇〇一二

秋水集十卷　（清）嚴繩孫撰　二册

勾吴嚴繩孫原刊本

雨青草堂藏板

書目來源：【目】【鑒藏】

集〇〇一〇〇九〇〇〇〇〇一三

湖海樓全集　（清）陳維崧撰

書目來源：【目】

集〇〇一〇〇九〇〇〇〇〇一四

遵王錢曾詩稿 （清）錢曾撰　一册

鐵琴銅劍樓鈔本

書目來源：【鑒藏】

集〇〇一〇〇九〇〇〇〇〇一五

率意吟 （清）安璿撰　一册

書目來源：【目】

集〇〇一〇〇九〇〇〇〇〇一六

家乘拾遺一卷 （清）安璿撰　一册

藁本

書目來源：【志】【目】

集〇〇一〇〇九〇〇〇〇〇一七

曝書亭集八十一卷 （清）朱彝尊撰　一〇册〔一〕

原刻，初印。

書目來源：【志】【目】【鑒藏】

集〇〇一〇〇九〇〇〇〇〇一八

【校勘記】

〔一〕《鑒藏》作「一一册」。

秋笳集八卷 （清）吴兆騫撰 八册

原刻，初印。

書目來源：【志】【目】【鑒藏】

集〇〇一〇〇九〇〇〇〇〇一九

帶經堂全集 （清）王士禛撰 二四册

原刻，初印。

書目來源：【志】【目】【鑒藏】

集〇〇一〇〇九〇〇〇〇〇二〇

漁洋詩二十二卷續詩十六卷文十四卷蠶尾詩二卷續詩十卷文八卷續文二十卷　（清）王士禛撰　二四册

程氏七略書堂刊本

書目來源：【目】

集〇〇一〇〇九〇〇〇〇〇二一

菁華録訓纂二十卷日録二卷年譜二卷　（清）王士禛撰　一〇册

惠氏紅豆齋刊本

書目來源：【目】

集〇〇一〇〇九〇〇〇〇〇二二

漁洋菁華録訓纂　（清）王士禛撰

書目來源：【志】【目】

集〇〇一〇〇九〇〇〇〇〇二三

精華録訓纂補 （清）王士禛撰　二册

原刻，初印。

書目來源：【鑒藏】

集〇〇一〇〇九〇〇〇〇〇二四

菁華録訓纂補注二十卷 （清）王士禛撰　二册

盧氏雅雨堂刊本

書目來源：【目】

集〇〇一〇〇九〇〇〇〇〇二五

黔書二卷 （清）田雯撰　一册

原刊本

書目來源：【目】

集〇〇一〇〇九〇〇〇〇〇二六

義門先生集何義門集 （清）何焯撰　四册

書目來源：【目】【鑒藏】

集〇〇一〇〇九〇〇〇〇〇二七

清芬樓遺稿四卷　二册

嘉慶丙子原刊本

書目來源：【編年】

集〇〇一〇〇九〇〇〇〇〇二八

撫雲集九卷　（清）錢良擇撰　二册

雍正庚戌刊本

書目來源：【目】

集〇〇一〇〇九〇〇〇〇〇二九

撫雲集　（清）錢良擇撰　二册

康熙刻本

書目來源：【鑒藏】

集〇〇一〇〇九〇〇〇〇〇三〇

玉山遺稿三種二卷　（清）秋山儀撰　一册

舊鈔本

書目來源：【目】【鑒藏】

集〇〇一〇〇九〇〇〇〇〇三一

小山詩鈔十一卷　（清）鄒一桂撰　二册

乾隆庚寅原刊本

書目來源：【目】【鑒藏】

集〇〇一〇〇九〇〇〇〇〇三二

典裘購書吟　（清）吴騫撰

書目來源：【目】

集〇〇一〇〇九〇〇〇〇〇三三

樊榭山房集　（清）厲鶚撰

書目來源：【目】

集〇〇一〇〇九〇〇〇〇〇三四

樊榭山房集又　（清）厲鶚撰

書目來源：【目】

集〇〇一〇〇九〇〇〇〇〇三五

道古堂集道古堂全集　（清）杭世駿撰　一六册

原刻，初印。

書目來源：【志】【目】【鑒藏】

集〇〇一〇〇九〇〇〇〇〇三六

王畹仙詠物詞 （清）王一元撰

書目來源：【目】

集〇〇一〇〇九〇〇〇〇〇三七

鮚埼亭詩集十卷 （清）全祖望撰 二册

盧氏抱經校抄本

書目來源：【目】【鑒藏】

集〇〇一〇〇九〇〇〇〇〇三八

鮚埼亭外集五十卷 （清）全祖望撰 一六册

原刻本

繆筱珊臨嚴悔菴校本

書目來源：【目】【鑒藏】

集〇〇一〇〇九〇〇〇〇〇三九

銅鼓書屋遺稿卅二卷 （清）查禮撰　四册

原刻，初印。

書目來源：【目】

集〇〇一〇〇九〇〇〇〇〇四〇

袁文箋正 （清）袁枚撰

書目來源：【目】

集〇〇一〇〇九〇〇〇〇〇四一

玉芝堂文集

書目來源：【編年】

集〇〇一〇〇九〇〇〇〇〇四二

思補齋文集四卷　(清)劉星煒撰　四册

原刊本

書目來源：【目】【鑒藏】

集〇〇一〇〇九〇〇〇〇〇四三

頻羅菴遺集十六卷　(清)梁同書撰　四册

原刊，初印本。

書目來源：【志】【目】

集〇〇一〇〇九〇〇〇〇〇四四

戴東原集　(清)戴震撰　四册

經韵樓原刻

書目來源：【鑒藏】

集〇〇一〇〇九〇〇〇〇〇四五

夢喜堂集夢喜堂詩集　（清）夢麟撰　一册

乾隆原刻，初印。

書目來源：【目】【鑒藏】

集〇〇一〇〇九〇〇〇〇〇四六

潛研堂文集〔一〕　（清）錢大昕撰　二册

書目來源：【目】

集〇〇一〇〇九〇〇〇〇〇四七

【校勘記】

〔一〕「文集」二字原無，據通行目録補。

萬壽衢歌樂章　（清）彭元瑞撰　二册〔一〕

殿本套印

書目來源：【目】【鑒藏】

集〇〇一〇〇九〇〇〇〇〇〇四八

【校勘記】

〔一〕《鑒藏》作「三册」。

吴兔牀手寫詩草 （清）吴騫撰 一册

書目來源：【目】【鑒藏】

集〇〇一〇〇九〇〇〇〇〇〇四九

拜經樓詩草 （清）吴騫撰 一册

吴兔牀藁本

書目來源：【目】

集〇〇一〇〇九〇〇〇〇〇〇五〇

愚谷文存 （清）吴騫撰

原刻，初印。

書目來源：【目】【鑒藏】

集〇〇一〇〇九〇〇〇〇〇五一

復初齋文集三十六卷 （清）翁方綱撰　八册

書目來源：【志】【鑒藏】

集〇〇一〇〇九〇〇〇〇〇五二

四松堂集 （清）愛新覺羅·敦誠撰

書目來源：【目】

集〇〇一〇〇九〇〇〇〇〇五三

雲逗樓集 （清）楊度汪撰　二册

乾隆本

容與堂藏板

書目來源：【目】【鑒藏】

集〇〇一〇〇九〇〇〇〇〇五四

愚山先生集　（清）施念曾撰

書目來源：【志】【目】

集〇〇一〇〇九〇〇〇〇〇五五

彭尺木未刻稿　（清）彭尺木撰　一册

鈔本

書目來源：【鑒藏】

集〇〇一〇〇九〇〇〇〇〇五六

一行居集八卷附録一卷　四册

北京刻經處朱印本

書目來源：【編年】

集〇〇一〇〇九〇〇〇〇〇五七

午風堂集八卷 （清）鄒炳泰撰　一册

留庵藏書

書目來源：【目】

集〇〇一〇〇九〇〇〇〇〇五八

午風堂集第一卷起至六卷　（清）鄒炳泰撰　二册

書目來源：【目】【鑒藏】

集〇〇一〇〇九〇〇〇〇〇五九

汪容甫遺詩　（清）汪中撰　一册

書目來源：【目】

集〇〇一〇〇九〇〇〇〇〇六〇

容甫遺詩容甫先生遺詩　（清）汪中撰　一册

原刻，初印。

書目來源：【目】【鑒藏】

集〇〇一〇〇九〇〇〇〇〇六一

述學三卷：内篇■卷外篇■卷補遺■卷　（清）汪中撰　二册

容甫自刻本

書目來源：【目】

集〇〇一〇〇九〇〇〇〇〇六二

卷施閣乙集　（清）洪亮吉撰　四册

書目來源：【目】

集〇〇一〇〇九〇〇〇〇〇六三

卷施閣乙集文八卷續文一卷更生齋乙集文四卷　（清）洪亮吉撰　六册

紫藤花館刊本

書目來源：【目】

集〇〇一〇〇九〇〇〇〇〇六四

卷施閣駢體文　（清）洪亮吉撰

書目來源：【目】

集〇〇一〇〇九〇〇〇〇〇六五

更生齋集　（清）洪亮吉撰　二册

書目來源：【目】

集〇〇一〇〇九〇〇〇〇〇六六

北江集　（清）洪亮吉撰

書目來源：【目】

集〇〇一〇〇九〇〇〇〇〇六七

有正味齋集　（清）吴錫麒撰

書目來源：【目】

集〇〇一〇〇九〇〇〇〇〇六八

兩當軒詩鈔附録竹眠詞　（清）黄景仁撰　五册

廣東刻本

書目來源：【鑒藏】

集〇〇一〇〇九〇〇〇〇〇六九

石研齋集〔一〕　（清）秦贇撰　一册

依《道藏》刊本

書目來源：【目】

集〇〇一〇〇九〇〇〇〇〇七〇

【校勘記】

〔一〕原無「集」字，據通行目録補。

儀鄭堂文二卷　（清）孔廣森撰　一册

文選樓本

書目來源：【目】

集〇〇一〇〇九〇〇〇〇〇〇七一

芙蓉山館集　（清）楊芳燦撰

書目來源：【目】

集〇〇一〇〇九〇〇〇〇〇〇七二

芙蓉山館文鈔　（清）楊芳燦撰　四册

金匱楊芳燦原刻

書目來源：【鑒藏】

集〇〇一〇〇九〇〇〇〇〇〇七三

天真閣集五十四卷外集六卷附長真閣詩集七卷　（清）孫原湘撰，（清）席佩蘭撰　一二册

嘉慶五年原刊本

書目來源：【志】【目】【鑒藏】

集〇〇一〇〇九〇〇〇〇〇七四

揅經室集　（清）阮元撰

書目來源：【目】

集〇〇一〇〇九〇〇〇〇〇七五

确山駢體文　（清）宋世犖撰　一册

書目來源：【目】

集〇〇一〇〇九〇〇〇〇〇七六

初月樓文　（清）吴德旋撰　一册

書目來源：【目】

集〇〇一〇〇九〇〇〇〇〇七七

初月樓續鈔　（清）吴德旋撰　二册

書目來源：【目】

集〇〇一〇〇九〇〇〇〇〇〇七八

小謨觴館詩八卷詩餘一卷文四卷詩續二卷文續二卷　（清）彭兆蓀撰

書目來源：【目】

集〇〇一〇〇九〇〇〇〇〇〇七九

養一齋文集二十卷　（清）李兆洛撰

書目來源：【志】

集〇〇一〇〇九〇〇〇〇〇〇八〇

泰雲堂集泰雲堂全集　（清）孫爾準撰　六册

繆藝風藏

書目來源：【目】【鑒藏】

集〇〇一〇〇九〇〇〇〇〇八一

漊娑洋集　一册　刊本

書目來源：【目】【編年】

集〇〇一〇〇九〇〇〇〇〇八二

思適齋集　（清）顧廣圻撰　四册

書目來源：【鑒藏】

集〇〇一〇〇九〇〇〇〇〇八三

萬善花室文稿六卷　（清）方履籛撰　三册

永定縣署刻本

書目來源：【目】

集〇〇一〇〇九〇〇〇〇〇八四

肙齋文集　三册
書目來源：【編年】
集〇〇一〇〇九〇〇〇〇〇〇八五

尊小學齋文集　（清）余治撰　二册
書目來源：【鑒藏】
集〇〇一〇〇九〇〇〇〇〇〇八六

膠山安氏詩膠山安氏詩集　（清）安吉輯　一册
乾隆本
書目來源：【目】【鑒藏】
集〇〇一〇〇九〇〇〇〇〇〇八七

膠山安氏文集　（清）安吉輯　一册
彙鈔本

書目來源：【目】【鑒藏】
集〇〇一〇〇九〇〇〇〇〇〇八八

越縵堂駢體文　二册
書目來源：【編年】
集〇〇一〇〇九〇〇〇〇〇〇八九

瓶廬詩稿　（清）翁同龢撰　二册
書目來源：【鑒藏】
集〇〇一〇〇九〇〇〇〇〇〇九〇

飛香圃文集　（清）安詩撰　一册
書目來源：【目】
集〇〇一〇〇九〇〇〇〇〇〇九一

敬孚類藁　（清）蕭穆撰　四册

書目來源：【鑒藏】

集〇〇一〇〇九〇〇〇〇〇〇九二

拙尊園叢稿六卷　（清）黎庶昌撰　二册

石印，美濃紙。

書目來源：【目】

集〇〇一〇〇九〇〇〇〇〇〇九三

汪穰卿遺著　四册

書目來源：【編年】

集〇〇一〇〇九〇〇〇〇〇〇九四

臨野堂文集十卷詩集十三卷尺牘四卷觚賸八卷續編四卷臨野堂全集　（清）鈕琇撰　八册

原刻

書目來源：【志】【目】【鑒藏】
集〇〇一〇〇九〇〇〇〇〇九五

集部·別集類·現代

蒿庵類稿三十二卷續稿三卷　十三册
書目來源：【編年】
集〇〇一〇一〇〇〇〇〇〇〇一

一山文存十二卷　四册
嘉業堂刊本
書目來源：【編年】
集〇〇一〇一〇〇〇〇〇〇〇二

壬癸集一卷　王國維撰　一册

日本江都舊木活字印本，皮紙本。

書目來源：【目】【鑒藏】

集〇〇一〇一〇〇〇〇〇〇三

集部·别集類·外國

桂苑筆耕二十卷　（朝鮮）崔致遠撰　四册

朝鮮刻本

書目來源：【目】【鑒藏】

集〇〇一〇一一〇〇〇〇〇一

日本樂府　（日）山陽外史撰，（日）竹田陳人撰　一册

東洋舊刻本

繆藝風藏

書目來源：【鑒藏】

集〇〇一〇一一〇〇〇〇〇〇二

集部・别集類・尺牘

多羅貝勒致平西王書　一册

官中刊本

書目來源：【目】

集〇〇一〇一二〇〇〇〇〇〇一

晚香先生書札　一册

書目來源：【編年】

集〇〇一〇一二〇〇〇〇〇〇二

集部・别集類・撰者待考

滎祭酒集　一册

小渌天黑格鈔本

書目來源：【編年】

集〇〇一〇一三〇〇〇〇〇〇〇一

芙文抄　一册

書目來源：【目】

集〇〇一〇一三〇〇〇〇〇〇〇二

顧與山集顧輿山詩集　四册〔一〕

舊精鈔

書目來源：【目】【鑒藏】

集〇〇一〇一三〇〇〇〇〇〇〇三

【校勘記】

〔一〕《鑒藏》作「一册」。

詰敕文集　八册

書目來源：【目】

集〇〇一〇一三〇〇〇〇〇〇四

李春一先生文集二十四卷　一二册

維風堂刊本

書目來源：【目】

集〇〇一〇一三〇〇〇〇〇〇五

三松集　一册

舊寫本

書目來源：【目】

集〇〇一〇一三〇〇〇〇〇〇六

尚徊堂文鈔　一册

書目來源：【目】

集〇〇一〇一三〇〇〇〇〇〇七

十風堂集八卷　一册

原刊初印本

王氏淵雅堂舊藏

書目來源：【目】

集〇〇一〇一三〇〇〇〇〇〇八

素言集　一册

書目來源：【目】

集〇〇一〇一三〇〇〇〇〇〇九

小學齋集

書目來源：【目】

集〇〇一〇一三〇〇〇〇〇一〇

醴陵集　二册

聚珍板

書目來源：【目】

集〇〇一〇一三〇〇〇〇〇一一

徐積孝集

書目來源：【目】

集〇〇一〇一三〇〇〇〇〇一二

雪磯集五卷

書目來源：【目】

集〇〇一〇一三〇〇〇〇〇一三

煙畫東堂小品　一二册

書目來源：【鑒藏】

集〇〇一〇一三〇〇〇〇〇一四

影鈔足本黄學集四十三卷補一卷　二〇册

精鈔本，毛太紙。

書目來源：【目】

集〇〇一〇一三〇〇〇〇〇一五

玉山閣遺贈言一卷

書目來源：【目】

集〇〇一〇一三〇〇〇〇〇一六

集部·總集類·賦編·楚辭

楚詞八卷辨正二卷後語六卷 （宋）朱熹集註　三册

明刊本

書目來源：【志】【目】【鑒藏】

集〇〇二〇〇一〇一〇〇〇〇一

楚詞集注八卷辨證二卷後語六卷 （宋）朱熹集註　三册

明刊本

書目來源：【目】

集〇〇二〇〇一〇一〇〇〇〇二

楚詞補注十七卷 （宋）洪興祖補註　四册

汲古閣刊本

書目來源：【目】

集〇〇二〇〇一〇一〇〇〇〇三

楚辭補注十七卷　（宋）洪興祖補註　四册

同治十一年金陵書局重刊汲古閣本

書目來源：【志】

集〇〇二〇〇一〇一〇〇〇〇四

集部·總集類·詩編·斷代·漢魏六朝

中興間氣集　（唐）高仲武輯　一册

書目來源：【目】

集〇〇二〇〇二〇一〇一〇〇一

漢詩　（清）李因篤音評　二册

明鈔本

有校

書目來源：【鑒藏】

集〇〇二〇〇二〇一〇一〇〇二

漢詩評（清）李因篤評　二册

舊抄本

書目來源：【目】

集〇〇二〇〇二〇一〇一〇〇三

集部·總集類·詩編·斷代·唐代

馮氏評點才調集十卷（後蜀）韋縠輯　四册

馮氏垂雲堂原刊本

書目來源：【目】【鑒藏】

集〇〇二〇〇二〇一〇二〇〇一

全唐詩選　四册

嘉靖本

書目來源：【鑒藏】

集〇〇二〇〇二〇一〇二〇〇二

唐詩　一册

先君批本

書目來源：【目】

集〇〇二〇〇二〇一〇二〇〇三

三唐人集：駱賓王集十卷　三册

秦氏石研齋刊本，棉紙初印。

書目來源：【目】

集〇〇二〇〇二〇一〇二〇〇四

後三唐人集：孫可之集十卷皇甫持正集六卷歐陽行周集十卷　四册

繆氏刊本

書目來源：【目】

集〇〇二〇〇二〇一〇二〇〇五

唐人小集　七册

明刊本

書目來源：【目】

集〇〇二〇〇二〇一〇二〇〇六

唐人小集：駱賓王集二卷　一册

書目來源：【目】

集〇〇二〇〇二〇一〇二〇〇七

唐人小集：楊炯集二卷盧照鄰集二卷　一册

書目來源：【目】

集〇〇二〇〇二〇一〇二〇〇八

唐人小集：王勃集二卷　一册

書目來源：【目】

集〇〇二〇〇二〇一〇二〇〇九

唐人小集：宋之問集二卷　一册

書目來源：【目】

集〇〇二〇〇二〇一〇二〇一〇

唐人小集：嘉祐集五卷劉滄詩一卷　一册

書目來源：【目】

集〇〇二〇〇二〇一〇二〇一一

唐人小集：祖詠集孟浩然集二卷　一册

書目來源：【目】

集〇〇二〇〇二〇一〇二〇一二

唐人小集：比紅兒詩貫休詩齊己詩　一册

書目來源：【目】

集〇〇二〇〇二〇一〇二〇一三

唐人小集　四册

席氏琹川書屋刊本，羅紋紙初印。

有季滄葦印記

書目來源：【目】

集〇〇二〇〇二〇一〇二〇一四

唐人小集：毘陵集三卷秦公緒集　一册

書目來源：【志】【目】

集〇〇二〇〇二〇一〇二〇一五

唐人小集：皇甫補闕詩集附補遺　一册

書目來源：【志】【目】

集〇〇二〇〇二〇一〇二〇一六

唐人小集：羊士諤詩集附補遺楊少尹詩集附補遺　一册

書目來源：【志】【目】

集〇〇二〇〇二〇一〇二〇一七

唐人小集：嚴文正詩集附補遺戎昱詩集附補遺　一册

書目來源：【志】【目】

集〇〇二〇〇二〇一〇二〇一八

搜玉小集姓氏總目　一册

書目來源：【目】

集〇〇二〇〇二〇一〇二〇一九

國秀集　（唐）芮挺章輯　三册

書目來源：【目】

集〇〇二〇〇二〇一〇二〇二〇

唐詩別裁集　五册

王鐵夫校本

書目來源：【編年】

集〇〇二〇〇二〇一〇二〇二一

集部·總集類·詩編·斷代·宋代

積書巖宋詩選 （清）顧貞觀輯　一册

鈔本

書目來源：【目】【鑒藏】

集〇〇二〇〇二〇一〇三〇〇一

宋詩鈔一百六卷 （清）吴之振等輯　一四册〔一〕

吴氏黄葉山莊原刊本，初印。

書目來源：【目】【鑒藏】

集〇〇二〇〇二〇一〇三〇〇二

【校勘記】

〔一〕《鑒藏》作「一六册」。

宋百家詩存二十卷 （清）曹庭棟撰 二〇册

乾隆原刻，初印本。

書目來源：【志】【目】【鑒藏】

集〇〇二〇〇二〇一〇三〇〇三

南宋群賢小集一百二十七卷補遺二卷江湖後集二十四卷 （宋）陳起輯 四〇册

顧氏讀畫齋刊本，初印。

書目來源：【目】【鑒藏】

集〇〇二〇〇二〇一〇三〇〇四

南宋群賢小集一百二十八卷 （宋）陳起輯 三二册

書目來源：【目】

集〇〇二〇〇二〇一〇三〇〇五

南宋小集九家 一〇册

文瑞樓鈔本

書目來源：【鑒藏】

集〇〇二〇〇二〇一〇三〇〇六

南宋雜事詩七卷　（清）沈嘉轍撰　二册

原刊本

書目來源：【志】【鑒藏】

集〇〇二〇〇二〇一〇三〇〇七

集部・總集類・詩編・斷代・金

中州集　（金）元好問集

書目來源：【目】

集〇〇二〇〇二〇一〇四〇〇一

集部·總集類·詩編·斷代·元代

荆南倡和集荆南唱和集　(元)周砥,(元)馬治撰　二册[一]

四明盧青崖家鈔本

書目來源:【志】【目】【鑒藏】

集〇〇二〇〇二〇一〇五〇〇一

【校勘記】

[一]《鑒藏》作「一册」。

元人十種詩集四函　(明)毛晉輯　二四册

汲古閣刊本

書目來源:【志】【目】

集〇〇二〇〇二〇一〇五〇〇二

元人十種詩集：遺山詩集二十卷

書目來源：【志】【目】

集〇〇二〇〇二〇一〇五〇〇三

元人十種詩集：薩天錫詩三卷集外詩一卷

書目來源：【志】【目】

集〇〇二〇〇二〇一〇五〇〇四

元人十種詩集：金臺集一卷

書目來源：【志】【目】

集〇〇二〇〇二〇一〇五〇〇五

元人十種詩集：翠寒集一卷

書目來源：【志】【目】

集〇〇二〇〇二〇一〇五〇〇六

元人十種詩集：唫囈集一卷宋子虛集

書目來源：【志】【目】

集〇〇二〇〇二〇一〇五〇〇七

元人十種詩集：雲林詩集六卷集外詩一卷

書目來源：【志】【目】

集〇〇二〇〇二〇一〇五〇〇八

元人十種詩集：南村詩集四卷

書目來源：【志】【目】

集〇〇二〇〇二〇一〇五〇〇九

元人十種詩集：玉山草堂集二卷集外詩一卷

書目來源：【志】【目】

集〇〇二〇〇二〇一〇五〇一〇

元人十種詩集：句曲外史集三卷集外詩一卷補遺一卷

書目來源：【志】【目】

集〇〇二〇〇二〇一〇五〇一一

元人十種詩集：霞外詩十卷

書目來源：【志】【目】

集〇〇二〇〇二〇一〇五〇一二

集部·總集類·詩編·斷代·明代

明群□詩録

書目來源：【目】

集〇〇二〇〇二〇一〇六〇〇一

集部・總集類・詩編・斷代・清代

懷舊集 （清）馮舒輯　二册

舊鈔本

書目來源：【鑒藏】

集〇〇二〇〇二〇一〇七〇〇一

感舊集十六卷 （清）王士禛輯　八册

盧氏原刊本，初印。

書目來源：【目】

集〇〇二〇〇二〇一〇七〇〇二

集部・總集類・詩編・通代

玉臺新詠集玉台新詠　（南朝陳）徐陵編　四册

嘉靖本

有名人校對

書目來源：【目】【鑒藏】

集〇〇二〇〇二〇二〇〇〇〇一

玉臺新詠集十卷　（南朝陳）徐陵編　二册

明趙寒山繙宋本

書目來源：【志】【目】

集〇〇二〇〇二〇二〇〇〇〇二

玉臺新詠集十卷　（南朝陳）徐陵編　四册

明五雲溪館銅活字本

書目來源：【目】

集〇〇二〇〇二〇二〇〇〇〇三

箋註玉臺新詠集十卷　（南朝陳）徐陵輯　四册

稻香樓刊本

書目來源：【目】

集〇〇二〇〇二〇二〇〇〇〇〇四

篋中集　（唐）元結輯　一册

書目來源：【目】

集〇〇二〇〇二〇二〇〇〇〇〇五

詩詞雜俎　（宋）趙師秀編　一册

書目來源：【目】

集〇〇二〇〇二〇二〇〇〇〇〇六

詩倫二卷　（清）汪薇輯　一册

寒木[一]堂原刊本

書目來源：【目】

集〇〇二〇〇二〇〇二〇〇〇〇七

【校勘記】

〔一〕孫氏原稿誤作「本」，徑改。

詩倫 （清）汪薇輯 二册

聚珍板

書目來源：【目】

集〇〇二〇〇二〇〇二〇〇〇〇八

唐宋十六家全集録五十一卷

書目來源：【目】

集〇〇二〇〇二〇〇二〇〇〇〇九

弔諸忠節死臣詩一卷欽定逆案一卷 一册

舊鈔本
書目來源：【目】
集〇〇二〇〇二〇二〇〇〇一〇

集部·總集類·詩編·郡邑

河岳英靈集三卷河嶽英靈集　（唐）殷璠輯　二册
明嘉靖翻宋本
書目來源：【志】【目】【鑒藏】
集〇〇二〇〇二〇三〇〇〇〇一

會稽掇英總集　（宋）孔延之輯　四册
杜氏刻本
書目來源：【目】【鑒藏】

集〇〇二〇〇二〇三〇〇〇〇二

玉山名勝集 （元）顧瑛輯　二册

元精鈔本，桃花紙。

淡生堂藏書，每葉有淡生堂字様。

書目來源：【目】

集〇〇二〇〇二〇三〇〇〇〇三

永州兩巖集一卷 （明）黄焯撰　一册

明嘉靖刊本

璜川吴氏藏印

書目來源：【志】【目】【鑒藏】

集〇〇二〇〇二〇三〇〇〇〇四

師子林紀勝集 （明）釋道恂輯　一册

書目來源：【目】

集〇〇二〇〇二〇三〇〇〇〇五

毘陵六逸詩抄二十四卷　（清）莊令輿，（清）徐永宣輯　四册

康熙原刊本

■■校

敬義堂藏板

書目來源：【目】【鑒藏】

集〇〇二〇〇二〇三〇〇〇〇六

毘陵六逸詩抄：惲壽平南田詩抄五卷　（清）莊令輿，（清）徐永宣輯

書目來源：【目】

集〇〇二〇〇二〇三〇〇〇〇七

毘陵六逸詩抄：楊起文白雲樓詩鈔二卷　（清）莊令輿，（清）徐永宣輯

書目來源：【目】

集〇〇二〇〇二〇三〇〇〇〇八

毘陵六逸詩抄：胡香昊唐詩鈔五卷　（清）莊令輿，（清）徐永宣輯

書目來源：【目】

集〇〇二〇〇二〇三〇〇〇〇九

毘陵六逸詩抄：陳道氣西林詩鈔五卷　（清）莊令輿，（清）徐永宣輯

書目來源：【目】

集〇〇二〇〇二〇三〇〇〇一〇

毘陵六逸詩抄：唐靖元芑野詩鈔四卷　（清）莊令輿，（清）徐永宣輯

書目來源：【目】

集〇〇二〇〇二〇三〇〇〇一一

毘陵六逸詩抄：董大倫美梅坪詩鈔三卷　（清）莊令輿，（清）徐永宣輯

書目來源：【目】

集〇〇二〇〇二〇三〇〇〇一二

梁溪詩鈔　（清）顧光旭輯　二八册

嘉慶原刻本

藝風堂藏

書目來源：【鑒藏】

集〇〇二〇〇二〇三〇〇〇一三

崑山雜詠三卷　三册

常熟瞿氏鐵琴銅劍樓藏宋刊本，主人爲予影寫，極精雅。

書目來源：【編年】

集〇〇二〇〇二〇三〇〇〇一四

集部・總集類・詩編・雜録

西崑酬唱集二卷 （宋）楊億編　一册

康熙中壹是堂本

書目來源：【目】

集〇〇二〇〇二〇四〇〇〇〇一

西崑酬唱集 （宋）楊億編　一册

乾隆本

書目來源：【鑒藏】

集〇〇二〇〇二〇四〇〇〇〇二

感舊集 （清）王士禛選　八册

原刻

書目來源：【鑒藏】
集〇〇二〇〇二〇四〇〇〇〇三

定香亭筆談 （清）阮元撰 三册
書目來源：【目】
集〇〇二〇〇二〇四〇〇〇〇四

題贈集 一册〔一〕
錢梅溪寫本
書目來源：【目】【鑒藏】
集〇〇二〇〇二〇四〇〇〇〇五

【校勘記】
〔一〕《鑒藏》作「二册」。

陸陳二先生詩文鈔 八册

書目來源：【編年】

集〇〇二〇〇二〇四〇〇〇〇六

集部・總集類・文編・斷代

聖宋明賢五百家播芳大全一百■■卷　（宋）魏齊賢等輯　三〇册

書目來源：【目】

集〇〇二〇〇三〇一〇〇〇〇一

聖宋名賢五百家播芳大全文粹　（宋）魏齊賢等輯　三一册〔一〕

舊鈔本

繆藝風藏

書目來源：【目】【鑒藏】

集〇〇二〇〇三〇一〇〇〇〇二

【校勘記】

〔一〕《鑒藏》作「三二册」。

聖宋明賢五百家播芳大全文粹一百卷目録二卷小傳一卷 （宋）魏齊賢等輯

精寫本

有蔣氏秦漢十印齋圖記

書目來源：【志】【目】

集〇〇二〇〇三〇一〇〇〇〇三

宋四六選二十四卷 （清）彭元瑞輯 一二册

書目來源：【目】

集〇〇二〇〇三〇一〇〇〇〇四

元文類 （元）蘇天爵編

書目來源：【目】

集〇〇二〇〇三〇一〇〇〇〇五

皇明文衡九十八卷目録二卷補闕二卷　（明）程敏政輯　一六册[一]

明嘉靖刊本，皮紙。

有盧氏抱經樓圖記

書目來源：【志】【目】【鑒藏】

集〇〇二〇〇三〇一〇〇〇〇六

【校勘記】

[一]《鑒藏》作「二四册」。

國朝駢體正宗十二卷　（清）曾燠輯　六册

朱墨本

書目來源：【目】

集〇〇二〇〇三〇一〇〇〇〇七

國朝三家文鈔（清）宋犖，（清）許汝霖輯　一〇册

原刻，初印。

書目來源：【鑒藏】

集〇〇二〇〇三〇一〇〇〇〇八

集部·總集類·文編·通代

宋本文選六十卷文選考異十卷（南朝梁）蕭統輯　二四册

鄱陽胡氏刊本，初印。

書目來源：【志】【目】【鑒藏】

集〇〇二〇〇三〇二〇〇〇〇一

文選六十卷考異十卷（南朝梁）蕭統選　二〇册

胡果泉重刊宋池州本

書目來源：【目】

集〇〇二〇〇三〇二〇〇〇〇二

文選集評十六卷首末各一卷　（清）于光華編　一六册

江蘇書局本

書目來源：【志】【目】

集〇〇二〇〇三〇二〇〇〇〇三

文選課虚　（清）杭世駿撰　一册

書目來源：【目】

集〇〇二〇〇三〇二〇〇〇〇四

文苑英華辨證　（宋）彭叔夏撰　二册

内聚珍本

書目來源：【目】【鑒藏】

集〇〇二〇〇三〇二〇〇〇〇五

古文苑　（宋）章樵注　四册

明成化本

顧抱沖校

書目來源：【目】【鑒藏】

集〇〇二〇〇三〇二〇〇〇〇六

全上古三代漢魏六朝文七百四十七卷　（清）嚴可均輯　一二〇册

廣雅書局本

書目來源：【目】

集〇〇二〇〇三〇二〇〇〇〇七

古文眉詮七十九卷　（清）浦起龍編　一六册

原刊，初印本。

書目來源：【目】

集〇〇二〇〇三〇二〇〇〇〇八

古文辭類纂（清）姚鼐輯　五册

書目來源：【目】

集〇〇二〇〇三〇二〇〇〇〇九

集部·總集類·文編·郡邑

吴都文粹集吴都文粹　（宋）鄭虎臣輯　五册

影宋精鈔本，毛太紙。

有校

書目來源：【目】【鑒藏】

集〇〇二〇〇三〇三〇〇〇〇一

錫山遺響十卷 （明）莫息輯 四册

馮柳東手寫本

書目來源：【目】

集〇〇二〇〇三〇三〇〇〇〇二

錫山遺響十卷 （明）莫息輯 二册

天乙閣抄本

書目來源：【志】【目】【鑒藏】

集〇〇二〇〇三〇三〇〇〇〇三

錫山文集 （清）王史直輯 一六册

華氏刊本

書目來源：【鑒藏】

集〇〇二〇〇三〇三〇〇〇〇四

錫山文鈔

書目來源：【目】

集〇〇二〇〇三〇三〇〇〇〇五

常州先哲遺書續集　（清）盛宣懷輯

書目來源：【目】

集〇〇二〇〇三〇三〇〇〇〇六

國朝常州駢體文三十卷叙録一卷附結一宧駢文一卷　屠寄輯　六册

原刊本

書目來源：【目】

集〇〇二〇〇三〇三〇〇〇〇七

常州駢體文録　三册

書目來源：【目】

集〇〇二〇〇三〇三〇〇〇〇八

集部·總集類·文編·制藝

苔岑經義抄　（清）張鴻桷輯　四册

書目來源：【目】

集〇〇二〇〇三〇四〇〇〇〇一

集部·總集類·文編·尺牘

明人尺牘　四册

康熙本

書目來源：【目】【鑒藏】

集〇〇二〇〇三〇五〇〇〇〇一

集部・詞類・詞别集・宋代

東皋集 （宋）李冠撰

明弘治刊本

書目來源：【目】

集〇〇三〇〇一〇一〇〇〇〇一

詳注周美成詞片玉集十卷 （宋）周邦彦撰

影寫宋本

希昭手寫

書目來源：【目】

集〇〇三〇〇一〇一〇〇〇〇二

吴夢窻詞吴夢窗詞集 （宋）吴文英撰 二册

明鈔本

手鈔間有鈕閣手跡

朱古微侍郎借校有跋

書目來源：【目】【鑒藏】

集〇〇三〇〇一〇一〇〇〇〇三

相山居士詞　（宋）王之道撰　二册

舊鈔本

書目來源：【目】【鑒藏】

集〇〇三〇〇一〇一〇〇〇〇四

集部·詞類·詞别集·清代

西堂樂府　（清）尤侗撰　二册

書目來源：【目】

集〇〇三〇〇一〇二〇〇〇〇一

歲寒詠物詞 （清）王一元著

書目來源：【目】【鑒藏】

集〇〇三〇〇一〇二〇〇〇〇二

集部·詞類·詞總集·斷代

絶妙好詞箋七卷 （宋）周密

書目來源：【志】【目】

集〇〇三〇〇二〇一〇〇〇〇一

未刊宋人詞五家 二册

舊寫本

有何氏夢華館、朱氏結一廬鈢記。

書目來源：【目】

集〇〇三〇〇二〇一〇〇〇〇二

集部·詞類·詞總集·通代

中興已來絶妙詞選中興以來絶妙詞選　（宋）黄昇輯　一〇册

明萬曆二年龍丘舒伯明重刊宋本，古紙。

書目來源：【目】【鑒藏】

集〇〇三〇〇二〇二〇〇〇〇一

陽春白雪集　（宋）趙聞禮輯　一册

書目來源：【目】

集〇〇三〇〇二〇二〇〇〇〇二

詞林萬選四卷 （明）楊慎輯 一册

毛氏汲古閣刊本

葉石君以黄摹精校

有席氏琹川書屋鈢記

書目來源：【志】【目】【鑒藏】

集〇〇三〇〇二〇二〇〇〇〇三

詞綜三十六卷 （清）朱彝尊輯 六册

原刻，初印。

有校

玉雨堂藏

書目來源：【目】【鑒藏】

集〇〇三〇〇二〇二〇〇〇〇四

集部·詞類·詞總集·郡邑

梁溪詞選 二册

繆鈔本

書目來源：【目】【鑒藏】

集〇〇三〇〇二〇三〇〇〇〇一

集部·曲類·雜劇傳奇

西廂記 （元）王實甫撰，（明）即空觀主人評註 四册

明朱墨刊本，有圖極精。

書目來源：【志】【目】

集〇〇四〇〇一〇〇〇〇〇〇一

集部·曲類·總集·曲總集

元曲選 (明)臧懋循輯　二十册

明雕蟲館刊本，有圖。

書目來源：【志】【目】【鑒藏】

集〇〇四〇〇二〇一〇〇〇〇一

集部·詩文評類·通論

文心雕龍十卷 (南朝梁)劉勰撰　二册

姚平山刊本

書目來源：【志】【目】

集〇〇五〇〇一〇〇〇〇〇〇一

甕牖閒評　（宋）袁文撰　四册

聚珍板

書目來源：【目】

集〇〇五〇〇一〇〇〇〇〇〇二

甕牖閒評　（宋）袁文撰　二册

書目來源：【目】

集〇〇五〇〇一〇〇〇〇〇〇三

浩然齋雅談　（宋）周密撰　一册

書目來源：【目】

集〇〇五〇〇一〇〇〇〇〇〇四

集部・詩文評類・文法

仁在堂論文上下　（清）路德撰　二册

書目來源：【目】

集〇〇五〇〇二〇〇〇〇〇〇一

集部・詩文評類・律譜

新增詞林要韵　一册

書目來源：【目】

集〇〇五〇〇三〇〇〇〇〇〇一

集部・詩文評類・評論・文評

全唐文紀事一百二十卷　（清）陳鴻墀撰

方柳橋刊本
書目來源：【目】
集〇〇五〇〇四〇一〇〇〇〇一

集部·詩文評類·評論·詩評

詩式五卷 （唐）釋皎然撰　一册
嘉靖精鈔本
有名人題跋
書目來源：【志】【目】【鑒藏】
集〇〇五〇〇四〇二〇〇〇〇一

碧溪詩話十卷 （宋）黄徹撰　一册
武英殿活本

書目來源：【志】【鑒藏】

集〇〇五〇〇四〇二〇〇〇〇二

苕溪漁隱叢話前集六十卷後集四十卷　（宋）胡仔撰　八册

乾隆本初印

書目來源：【目】【鑒藏】

集〇〇五〇〇四〇二〇〇〇〇三

歲寒堂詩話　（宋）張戒撰　一册

内聚珍板

書目來源：【目】【鑒藏】

集〇〇五〇〇四〇二〇〇〇〇四

唐詩紀事八十一卷　（宋）計有功輯　一六册

明嘉靖乙巳洪楩刊本

書目來源：【目】【鑒藏】

集〇〇五〇〇四〇二〇〇〇〇五

詩人玉屑二十一卷 （宋）魏慶之撰

日本寬永翻高麗刊本

此比他刻多一卷，有高麗人尹烱跋。

書目來源：【志】【目】【鑒藏】

集〇〇五〇〇四〇二〇〇〇〇六

山房隨筆一卷紀善録 （元）蔣子正撰　一册

明天一閣藍格精鈔本，白綿紙。

有校

書目來源：【志】【目】【鑒藏】

集〇〇五〇〇四〇二〇〇〇〇七

鈍吟雜録摘要 (清)馮班撰 一册

舊鈔本

書目來源：【目】

集〇〇五〇〇四〇二〇〇〇〇八

靜志居詩話 (清)朱彝尊撰 一六册

原刻

書目來源：【志】【目】【鑒藏】

集〇〇五〇〇四〇二〇〇〇〇九

本事詩十二卷 (清)徐釚輯 一二册

乾隆間重刊本

書目來源：【目】

集〇〇五〇〇四〇二〇〇〇一〇

宋詩紀事一百卷　（清）厲鶚，（清）馬曰琯輯　二〇册

原刻，最初印本。

書目來源：【目】【鑒藏】

集〇〇五〇〇四〇二〇〇〇一一

明詩紀事　陳田輯　三八册

陳氏刻本

書目來源：【鑒藏】

集〇〇五〇〇四〇二〇〇〇一二

群公詩法五卷　二册

明正德己卯揚州刊本

書目來源：【志】【目】【鑒藏】

集〇〇五〇〇四〇二〇〇〇一三

隨園詩話

書目來源：【編年】

集〇〇五〇〇四〇二〇〇〇一四

集部·詩文評類·評論·詞評

詞苑叢談二十卷　（清）徐釚輯　四册

康熙本，初印。

書目來源：【目】【鑒藏】

集〇〇五〇〇四〇三〇〇〇〇一

詞科掌録　（清）杭世駿輯　六册

原刻

書目來源：【鑒藏】

集〇〇五〇〇四〇三〇〇〇〇二

聽秋聲館詞話 （清）丁紹儀撰 四册

書目來源：【鑒藏】

集〇〇五〇〇四〇三〇〇〇〇三

集部·詩文評類·評論·曲評

製曲十六觀一卷 （元）顧阿瑛撰

書目來源：【目】

集〇〇五〇〇四〇四〇〇〇〇一

叢

叢部·類編·經叢類

相臺五經九十三卷　四八册

武英殿本，開化紙印。

書目來源：【目】

叢○○一○○一○○○○○○一

相臺五經：周易十卷

書目來源：【目】

叢○○一○○一○○○○○○二

相臺五經：尚書十三卷

書目來源：【目】

叢〇〇一〇〇一〇〇〇〇〇〇〇三

相臺五經：毛詩二十卷

書目來源：【目】

叢〇〇一〇〇一〇〇〇〇〇〇〇四

相臺五經：禮記二十卷

書目來源：【目】

叢〇〇一〇〇一〇〇〇〇〇〇〇五

相臺五經：春秋經傳集解三十卷　（宋）岳珂編

書目來源：【目】

叢〇〇一〇〇一〇〇〇〇〇〇〇六

五經讀本

書目來源：【目】

叢〇〇一〇〇一〇〇〇〇〇〇七

五經讀本：周易本義四卷　二册

書目來源：【目】

叢〇〇一〇〇一〇〇〇〇〇〇八

五經讀本：書經集傳六卷　四册

書目來源：【目】

叢〇〇一〇〇一〇〇〇〇〇〇九

五經讀本：詩經集註

書目來源：【目】

叢〇〇一〇〇一〇〇〇〇〇一〇

五經：易本義四卷詩集傳八卷書集六卷禮記集説十卷春秋十一卷

崇道堂刊本

幼時讀本，先人朱筆校注並句讀。

書目來源：【目】

叢〇〇一〇〇一〇〇〇〇〇一一

古經解彙函附小學彙函續附十種　（清）鍾謙鈞等輯　二〇册

書目來源：【目】

叢〇〇一〇〇一〇〇〇〇〇一二

宋本十三經註疏附校勘記儀禮　三二册

書目來源：【目】

叢〇〇一〇〇一〇〇〇〇〇一三

華學泉儀禮三種　（清）華學泉輯　二册

未刻稿本

未刊孤本

書目來源：【目】【鑒藏】

叢〇〇一〇〇一〇〇〇〇〇〇一四

叢部·類編·史叢類

南宋野史五種　一册

舊精鈔本，竹紙。

古色紙面，一册一夾板。

書目來源：【志】

叢〇〇一〇〇二〇〇〇〇〇〇〇一

精鈔南度録等五種南度録大略　（宋）辛棄疾著

書目來源：【目】

叢〇〇一〇〇二〇〇〇〇〇〇二

觀古堂書目彙刻　十三册

長沙葉氏刻本

書目來源：【編年】

叢〇〇一〇〇二〇〇〇〇〇〇三

叢部·類編·子叢類

世德堂六子　（明）顧春輯

書目來源：【目】

叢〇〇一〇〇三〇〇〇〇〇〇一

世德堂六子：老子道德經二卷　（明）顧春輯

書目來源：【目】

叢〇〇一〇〇三〇〇〇〇〇〇〇二

世德堂六子：沖虚至德真經八卷　（明）顧春輯

書目來源：【目】

叢〇〇一〇〇三〇〇〇〇〇〇〇三

世德堂六子：荀子二十卷　（明）顧春輯

書目來源：【目】

叢〇〇一〇〇三〇〇〇〇〇〇〇四

世德堂六子：新纂門目五臣音〔一〕注揚子法言十卷　（明）顧春輯

書目來源：【目】

叢〇〇一〇〇三〇〇〇〇〇〇〇五

【校勘記】

〔一〕原稿無「音」，據通行本目録增補。

世德堂六子：文中子中説十卷　（明）顧春輯

書目來源：【目】

叢〇〇一〇〇三〇〇〇〇〇〇六

世德堂六子：南華真經十卷　（明）顧春輯

書目來源：【目】

叢〇〇一〇〇三〇〇〇〇〇〇七

六子全書：老子河上公注二卷沖虚至德真經張湛注八卷莊子郭象注附釋文十卷新法言五臣注十卷荀子楊倞注二十卷文中子中説阮逸注十卷　（明）顧春輯

明嘉靖癸巳顧氏世德堂刊本，初印本。

書目來源：【目】

叢〇〇一〇〇三〇〇〇〇〇〇八

宋本六子書　二三册

世德堂本
書目來源：【志】【鑒藏】
叢〇〇一〇〇三〇〇〇〇〇〇〇九

畫苑十五種三十七卷
明翻宋書棚本
書目來源：【目】
叢〇〇一〇〇三〇〇〇〇〇〇一〇

畫苑十種：南齊謝赫古畫品録一卷
書目來源：【目】
叢〇〇一〇〇三〇〇〇〇〇〇一一

畫苑十種：陳姚最續畫品一卷
書目來源：【目】

叢〇〇一〇〇三〇〇〇〇〇〇一二

畫苑十種：宋劉道醇五代名畫補遺一卷

書目來源：【目】

叢〇〇一〇〇三〇〇〇〇〇〇一三

畫苑十種：宋劉道醇聖朝名畫評三卷

書目來源：【目】

叢〇〇一〇〇三〇〇〇〇〇〇一四

畫苑十種：唐李嗣真續畫品録一卷

書目來源：【目】

叢〇〇一〇〇三〇〇〇〇〇〇一五

畫苑十種：唐沙門彦悰後畫録一卷

書目來源：【目】

叢〇〇一〇〇三〇〇〇〇〇〇一六

畫苑十種：唐荆浩筆法記一卷

書目來源：【目】

叢〇〇一〇〇三〇〇〇〇〇〇一七

畫苑十種：唐王維山水論一卷

書目來源：【目】

叢〇〇一〇〇三〇〇〇〇〇〇一八

畫苑十種：宋沈括圖畫歌一卷

書目來源：【目】

叢〇〇一〇〇三〇〇〇〇〇〇一九

畫苑十種：唐朱景玄唐朝名畫録一卷

書目來源：【目】

叢〇〇一〇〇三〇〇〇〇二〇

畫苑十種：唐張彦遠歷代名畫記十卷

書目來源：【目】

叢〇〇一〇〇三〇〇〇〇二一

畫苑十種：宋黄休復益州名畫録三卷

書目來源：【目】

叢〇〇一〇〇三〇〇〇〇二二

畫苑十種：宋米芾畫史一卷

書目來源：【目】

叢〇〇一〇〇三〇〇〇〇二三

畫苑十種：宋鄧椿畫繼十卷

書目來源：【目】

叢〇〇一〇〇三〇〇〇〇〇二四

讀曲叢刊：録鬼簿二卷南詞叙録一卷舊編南〔一〕九宮目録一卷十三調南吕音節譜一卷衡曲麈譚一卷曲律一卷劇説六卷誦芬樓讀曲叢刊　四册

書目來源：【目】【鑒藏】

叢〇〇一〇〇三〇〇〇〇〇二五

【校勘記】

〔一〕原稿無「南」字，據通行目録增補。

顧氏文房小説　（明）顧元慶輯

書目來源：【志】

叢〇〇一〇〇三〇〇〇〇〇二六

叢部·類編·集叢類

宋人小集九家 一〇册

文瑞樓抄本

書目來源：【目】

叢〇〇一〇〇四〇〇〇〇〇〇一

宋人未刻詞五家 二册

校鈔本

書目來源：【志】

叢〇〇一〇〇四〇〇〇〇〇〇二

沽上題襟集八卷 （清）查學禮輯 四册

乾隆辛酉精刻本，初印。

書目來源：【目】【鑒藏】

叢〇〇一〇〇四〇〇〇〇〇〇三

沽上題襟集：雪舸集一卷山陰劉文煊　（清）查學禮輯　册

書目來源：【目】

叢〇〇一〇〇四〇〇〇〇〇〇四

沽上題襟集：東壁集一卷仁和吴廷華　（清）查學禮輯　册

書目來源：【目】

叢〇〇一〇〇四〇〇〇〇〇〇五

沽上題襟集：蓮坡集一卷宛平查爲仁　（清）查學禮輯　册

書目來源：【目】

叢〇〇一〇〇四〇〇〇〇〇〇六

沽上題襟集：槐塘集一卷錢塘汪沆（清）查學禮輯

書目來源：【目】

叢〇〇一〇〇四〇〇〇〇〇〇七

沽上題襟集：對鷗集一卷錢塘陳皋（清）查學禮輯

書目來源：【目】

叢〇〇一〇〇四〇〇〇〇〇〇八

沽上題襟集：柘坡集一卷秀水萬光泰（清）查學禮輯

書目來源：【目】

叢〇〇一〇〇四〇〇〇〇〇〇九

沽上題襟集：炅齋集一卷天津胡睿烈（清）查學禮輯

書目來源：【目】

叢〇〇一〇〇四〇〇〇〇〇一〇

沽上題襟集：茶垞集一卷宛平查學禮　（清）查學禮輯

書目來源：【目】

叢〇〇一〇〇四〇〇〇〇〇一一

小南村集六卷小南郵集　（清）金國楝輯；（清）徐昂發選　三册

康熙庚寅原刊本

書目來源：【目】【鑒藏】

叢〇〇一〇〇四〇〇〇〇〇一二

叢部·叢編·郡邑類

常州先哲遺書正集　（清）盛宣懷輯

書目來源：【目】

叢〇〇二〇〇一〇〇〇〇〇一

武林掌故叢編八集　六十四册

丁氏初印本

書目來源：【編年】

叢〇〇二〇〇一〇〇〇〇〇〇二

叢部·叢編·一人類

石林遺書　十四册

書目來源：【編年】

叢〇〇二〇〇二〇〇〇〇〇〇一

高忠憲公集九種五十二卷：周易孔義三卷春秋孔義十二卷講義一卷東林書院會語一卷揚子節録六卷朱子節要十四卷就正録一卷高子詩集八卷高子文集六卷

(明)高攀龍撰　一六册

劍光閣刊本，初印。

抱經樓舊藏

書目來源：【目】

叢〇〇二〇〇二〇〇〇〇〇〇二

中郎十種：廣莊　（明）袁宏道撰

書目來源：【目】

叢〇〇二〇〇二〇〇〇〇〇〇三

中郎十種：敝篋集

書目來源：【目】

叢〇〇二〇〇二〇〇〇〇〇〇四

中郎十種：破研齋集

書目來源：【目】

叢〇〇二〇〇二〇〇〇〇〇〇五

中郎十種：廣陵集

書目來源：【目】

叢〇〇二〇〇二〇〇〇〇〇〇六

中郎十種：桃源詠

書目來源：【目】

叢〇〇二〇〇二〇〇〇〇〇〇七

中郎十種：華嵩〔一〕遊草

書目來源：【目】

叢〇〇二〇〇二〇〇〇〇〇〇八

【校勘記】

〔一〕「華嵩」，原稿作「嵩華」，據通行目録改。

中郎十種：瓶史

書目來源：【目】

叢〇〇二〇〇二〇〇〇〇〇〇九

中郎十種：觴政

書目來源：【目】

叢〇〇二〇〇二〇〇〇〇〇一〇

中郎十種：狂言

書目來源：【目】

叢〇〇二〇〇二〇〇〇〇〇一一

中郎十種：狂言別集

書目來源：【目】

叢〇〇二〇〇二〇〇〇〇〇一二

亭林先生遺書十種亭林遺書　（清）顧炎武撰　六册

原刻初印

詩集有校

書目來源：【目】【鑒藏】

叢〇〇二〇〇二〇〇〇〇〇一三

章氏遺書　（清）章學誠撰　五册

貴陽刻本

書目來源：【鑒藏】

叢〇〇二〇〇二〇〇〇〇〇一四

士禮居黄氏叢書　（清）黄丕烈輯　三〇册

書目來源：【目】

叢〇〇二〇〇二〇〇〇〇〇一五

袖海樓雜著　（清）黄汝成撰　四册

原刻初印

書目來源：【目】【鑒藏】

叢〇〇二〇〇二〇〇〇〇〇一六

影山草堂六種　（清）莫友芝撰

書目來源：【目】

叢〇〇二〇〇二〇〇〇〇〇一七

櫝山類稿　（清）周鎬撰　八册

書目來源：【目】【鑒藏】

叢〇〇二〇〇二〇〇〇〇〇一八

宗月鋤遺著八種：壬子秋試日記趙園觀梅記寓崇雜記古今論詩絶句三橋春遊曲唱和集

辨字通俗編丹陽集選例彙鈔　四册　丁巳修改本

書目來源：【編年】

叢〇〇二〇〇二〇〇〇〇〇一九

對雨樓叢書繆氏對雨樓叢書　繆荃孫輯　五册

羅紋紙印

書目來源：【目】【鑒藏】

叢〇〇二〇〇二〇〇〇〇〇二〇

叢部·叢編·宋元明類

百川學海零種（宋）左圭輯

明弘治間無錫華氏翻刻宋本

書目來源：【志】

叢〇〇二〇〇三〇〇〇〇〇一

青芝堂鈔書三種　（明）張位輯　一册

黄蕘圃、王鐵夫校跋。

書目來源：【志】【目】

叢〇〇二〇〇三〇〇〇〇〇〇二

青芝堂鈔書三種：明皇十七事不分卷　（明）張位輯

書目來源：【志】【目】

叢〇〇二〇〇三〇〇〇〇〇〇三

青芝堂鈔書三種：開天傳信記不分卷　（明）張位輯

書目來源：【志】【目】

叢〇〇二〇〇三〇〇〇〇〇〇四

青芝堂鈔書三種：金石要例不分卷　（明）張位輯

書目來源：【志】【目】

叢〇〇二〇〇三〇〇〇〇〇〇五

金聲玉振零種

書目來源：【編年】

叢〇〇二〇〇三〇〇〇〇〇〇六

叢部・叢編・清初至乾隆類

昭代叢書十一集　（清）張潮輯

書目來源：【目】

叢〇〇二〇〇四〇〇〇〇〇〇一

真意堂三種　（清）吴志忠輯　六册

璜川吴氏活字本

書目來源：【目】【鑒藏】

叢〇〇二〇〇四〇〇〇〇〇〇〇二

真意堂三種：洛陽伽藍記

書目來源：【目】

叢〇〇二〇〇四〇〇〇〇〇〇〇三

真意堂三種：兼明書

書目來源：【目】

叢〇〇二〇〇四〇〇〇〇〇〇〇四

真意堂三種：河朔訪古記

書目來源：【目】

叢〇〇二〇〇四〇〇〇〇〇〇〇五

知不足齋叢書三十集二百又一種七百七十三卷三十函　（清）鮑廷博輯　二四〇册

書目來源：【目】

叢〇〇二〇〇四〇〇〇〇〇〇六

武英殿聚珍版書

書目來源：【目】

叢〇〇二〇〇四〇〇〇〇〇〇七

聚珍版書二十七種

江南重刻巾箱本

書目來源：【目】

叢〇〇二〇〇四〇〇〇〇〇〇八

武英殿仿宋袖珍本十餘種　二九册

書目來源：【目】

叢〇〇二〇〇四〇〇〇〇〇〇九

叢部·叢編·清嘉道類

平津館叢書十集　（清）孫星衍編

書目來源：【目】

叢〇〇二〇〇五〇〇〇〇〇〇一

湖海樓叢書十二種一百六卷　（清）陳春輯　三二册

舊印本

書目來源：【目】

叢〇〇二〇〇五〇〇〇〇〇〇二

汗筠簃叢書　（清）秦鑑輯

書目來源：【目】

叢〇〇二〇〇五〇〇〇〇〇〇三

琳琅秘室叢書零書：列仙傳二卷續仙傳二卷一册九賢秘典幽明録緑珠傳一册鷃林子五卷一册考工記注二卷論語■質三卷一册楊太真外傳二卷李師師外傳三教平心論二卷一册南海百詠梅花字字香前後集一册質孔説二卷角力記一册獅子林記勝集二卷續四卷一册 （清）胡珽編 一〇册

書目來源：【目】

叢〇〇二〇〇五〇〇〇〇〇〇〇四

守山閣叢書六百五十卷 一百六十册

書目來源：【編年】

叢〇〇二〇〇五〇〇〇〇〇〇〇五

叢部·叢編·清咸同類

粤雅堂叢書三十集一百八十五種一千二百五十二卷 （清）伍崇曜輯 三二〇册

白紙，足本。

書目來源：【目】【鑒藏】

叢〇〇二〇〇六〇〇〇〇〇〇一

叢部·叢編·清光宣類

花雨樓叢鈔　（清）張壽榮輯

書目來源：【目】

叢〇〇二〇〇七〇〇〇〇〇〇一

娱園叢刻十種十三卷　（清）許增輯　四册

初印本

書目來源：【目】

叢〇〇二〇〇七〇〇〇〇〇〇二

古逸叢書四十六種二百一卷半 （清）黎庶昌輯 五九册〔一〕

日本美濃紙印本

書目來源：【目】【鑒藏】

叢〇〇二〇〇七〇〇〇〇〇〇三

【校勘記】

〔一〕《鑒藏》作「六〇册」。

式訓堂叢書十四種四十二卷 （清）章壽康輯 八册

初印，白紙。

書目來源：【目】【鑒藏】

叢〇〇二〇〇七〇〇〇〇〇〇四

先君手抄書 六册

書目來源：【目】

叢〇〇二〇〇七〇〇〇〇〇〇五

隨庵徐氏〔一〕叢書初編續編　二十四册

棉紙精印

書目來源：【編年】

叢〇〇二〇〇七〇〇〇〇〇〇六

【校勘記】

〔一〕「徐氏」，孫氏原稿無，今據通行本書目補。

郋齋叢書　十二册

書目來源：【編年】

叢〇〇二〇〇七〇〇〇〇〇〇七

懷豳雜俎　四册

書目來源：【編年】

叢〇〇二〇〇七〇〇〇〇〇〇八

叢部·叢編·現代類

藕香零拾　繆荃孫輯　三二册

白紙

書目來源：【目】【鑒藏】

叢〇〇二〇〇八〇〇〇〇〇〇一

玉簡齋叢書十種二十九卷　羅振玉輯　八册

白紙

書目來源：【目】【鑒藏】

叢〇〇二〇〇八〇〇〇〇〇〇二

涵芬樓叢鈔廿一種五十六卷　孫毓修輯　二八册

寫本
書目來源：【志】
叢〇〇二〇〇八〇〇〇〇〇〇〇三

影六鈔本　一册
書目來源：【目】
叢〇〇二〇〇八〇〇〇〇〇〇〇四

虞山叢刊：崇禎宫詞天啟宫詞霜猿集吾灸集以介編野外詩和友人詩和古人詩和今人詩

東山酬和集　十册
紅樣本
書目來源：【編年】
叢〇〇二〇〇八〇〇〇〇〇〇〇五